Ralf-Peter Prack / André Czerwionka

Verkauf von Versicherungen und Finanzdienstleistungen
ist (k)eine Magie

Ralf-Peter Prack / André Czerwionka

Verkauf von Versicherungen und Finanzdienstleistungen ist (k)eine Magie

Wie Sie mit zielführenden Zaubersprüchen beim Kunden Verträge abschließen

Bibliografische Information der Deutschen Nationalbibliothek
Die Deutsche Nationalbibliothek verzeichnet diese Publikation in der
Deutschen Nationalbibliografie; detaillierte bibliografische Daten sind im Internet über
<http://dnb.d-nb.de> abrufbar.

1. Auflage 2011

Alle Rechte vorbehalten
© Gabler Verlag | Springer Fachmedien Wiesbaden GmbH 2011

Lektorat: Margit Schlomski

Gabler Verlag ist eine Marke von Springer Fachmedien.
Springer Fachmedien ist Teil der Fachverlagsgruppe Springer Science+Business Media.
www.gabler.de

Das Werk einschließlich aller seiner Teile ist urheberrechtlich geschützt. Jede Verwertung außerhalb der engen Grenzen des Urheberrechtsgesetzes ist ohne Zustimmung des Verlags unzulässig und strafbar. Das gilt insbesondere für Vervielfältigungen, Übersetzungen, Mikroverfilmungen und die Einspeicherung und Verarbeitung in elektronischen Systemen.

Die Wiedergabe von Gebrauchsnamen, Handelsnamen, Warenbezeichnungen usw. in diesem Werk berechtigt auch ohne besondere Kennzeichnung nicht zu der Annahme, dass solche Namen im Sinne der Warenzeichen- und Markenschutz-Gesetzgebung als frei zu betrachten wären und daher von jedermann benutzt werden dürften.

Umschlaggestaltung: KünkelLopka Medienentwicklung, Heidelberg
Illustrationen: Ingo Szabo-Reiss, www.designeiig.de
Gedruckt auf säurefreiem und chlorfrei gebleichtem Papier
Printed in Germany

ISBN 978-3-8349-2656-2

Vorwort

Liebe Leserin, lieber Leser,

der Verkauf von Versicherungen und Finanzdienstleistungen stellt Sie als Verkäufer vor eine besondere Aufgabe. Ihre Herausforderung besteht darin, Ihre Kunden für diese Produkte zu begeistern. Das fällt gerade in diesem Geschäftsfeld nicht leicht, da Ihre Produkte für die Kunden nicht „greifbar" sind. Sie müssen ihnen diese auf eine „anschauliche" Art und Weise „erlebbar" machen.

Daneben ist gerade die Finanzdienstleistungswirtschaft stark an die gesetzlichen Rahmenbedingungen gebunden. Hier jagt eine Reform die nächste. Aufgrund von Gesundheitsreformen bis hin zu Reformen der Deutschen Rentenversicherung müssen Sie als Verkäufer Ihre Beratungen an die sich stetig ändernden Rahmenbedingungen anpassen. Dies führt zur kontinuierlichen Pflicht fachlicher Weiterbildung. Neben Ihrer täglichen Arbeit – dem Vertrieb – müssen Sie sämtliche Informationen zu einem sich immer schneller ändernden Geschäftsfeld aufnehmen und sind damit einer Informationsflut ausgesetzt, die häufig das verkäuferische Wissen verdrängt und trotz fachlicher Kompetenz Ihrerseits die Verkaufszahlen nicht steigen lässt. Schulungen, Seminare und Tagungen verkommen vor diesem Hintergrund oftmals zu einer reinen fachlichen Wissensvermittlung. Die sich aber gerade aus gesetzlichen Veränderungen ergebenden Verkaufsansätze kommen dabei leider oftmals zu kurz. Auch eine verkäuferische Weiterbildung sollte somit immer auf dem Schulungsplan von Verkäufern in der Finanzdienstleistungsbranche stehen.

Auch Sie, liebe Leserin und lieber Leser, werden schon einmal die Erfahrung gemacht haben, dass Sie trotz fachlicher Höchstleistungen bei Beratungen keinen Abschluss erzielt und aus Frust oder Enttäuschung Ihre berufliche Tätigkeit im Anschluss in Frage gestellt haben.

In keinem anderen Berufszweig ist die Kluft zwischen „guten" und „schlechten" Verkäufern so stark ausgeprägt, wie in Ihrer Branche. Hier zeigt sich, dass einige wenige Verkäufer den Großteil der Absatzzahlen generieren und der größere Anteil der Verkäufer eher unterdurchschnittliche bis durchschnittliche Umsätze realisiert. Hier stellt sich nun die Frage, was diese „erfolgreichen" Kollegen denn anders machen? Sind das Magier?

Zu einem kollegialen Miteinander gehört auch der Austausch mit den „Erfolgreichen". Häufig bleibt es aber nur bei einem Austauschversuch. Die „Erfolgreichen" sind oft sehr verschwiegen. Erfolgsgeheimnisse werden in der Regel wie der „heilige Gral" gehütet.

Zielsetzung dieses Buches ist es, die Geheimnisse der „magischen" Verkäufer zu lüften. Sehen Sie dieses Buch daher als Ihr persönliches Zauberbuch an. Es führt Sie in die „Magie" des erfolgreichen Verkaufs von Versicherungen und Finanzdienstleistungen ein.

Egal, ob Sie Branchenneuling sind oder bereits gestandener Verkäufer, der neue Geschäftsfelder erobern möchte, mit dem Kauf dieses Buches haben Sie sich für eine verkäuferische Weiterbildung entschieden. Betrachten Sie sich daher an dieser Stelle als Zauberlehrling, der nach dem Lesen dieses Buches zu einem (noch) erfolgreich(er)en Verkaufsmagier ausgebildet ist.

Ihnen wird zunächst das Selbstverständnis der erfolgreichen Verkaufsmagier vermittelt. Im Anschluss daran lernen Sie den Zauberkessel – in dem Sie als Verkaufsmagier Ihre Verkaufssuppe brauen – kennen. Der Zauberkessel ist das Gehirn Ihres Kunden. Aus dem Wissen über die Funktionsweise des Gehirns, wie Kunden ihre Entscheidungen treffen, leiten sich die elf Grundregeln für jeden Verkaufsmagier ab.

Neben der Beachtung der Grundregeln müssen Sie dann im Verkaufsgespräch das Gehirn Ihres Kunden mit weiteren Informationen befüllen. Je nach Information, die Sie Ihrem Kunden geben, verändert sich der Geschmack der in dem Kessel befindlichen „Suppe". Informationen können Sie daher auch als „Gewürze" betrachten, die den Geschmack der Suppe in Richtung „Kaufen" verfeinern sollen. Dabei ist es wichtig, in welcher Form die Informationen – also die Gewürze – verabreicht werden. Als Verkaufsmagier stehen Ihnen hierzu verschiedene Hilfsmittel zur Verfügung. Diese sind in erster Linie die Sprache aber auch visuelle Hilfsmittel, wie Zeichnungen in Form des „Pencil-Selling" und Eye-Catcher. Diese Hilfsmittel werden Ihnen vorgestellt und die jeweilige Wirkung erläutert. Den Einsatz werden Sie dann im Praxisteil des Buches anhand von konkreten Verkaufsrezepten für ausgewählte Sparten der Versicherungs- und Finanzdienstleistungsbranche erlernen.

Vorwort

Die Verkaufsrezepte wurden in der Praxis von ausgewählten Verkäufern erprobt und für wirksam befunden. Hierbei handelt es sich um Verkaufsrezepte die von uns entwickelt oder an uns weitergegeben und von uns weiterentwickelt wurden.

Anschließend erfahren Sie, wie die einzelnen Verkaufsrezepte miteinander verknüpft werden können. Sie werden so die hohe Kunst des Cross-Selling kennen und beherrschen lernen.

Dieses Buch zeigt Ihnen, dass der Verkauf von Versicherungen und Finanzdienstleistungen (k)eine Magie ist. Nach dem Lesen und einer Übungs- und Findungsphase werden Sie bemerken, wie die Systematik der hier vorgestellten Verkaufsrezepte Ihnen in Fleisch und Blut übergeht und Sie beginnen werden, selbständig eigene Verkaufsrezepte zu einzelnen Produkten zu entwickeln. Dadurch wird sich Ihr geschäftlicher Erfolg mehr und mehr erhöhen.

Noch ein Hinweis: Liebe Verkäuferin, bitte sehen Sie uns nach, dass wir aus Gründen der Einfachheit künftig nur die männliche Form verwenden. Dies ist kein Versuch der Diskriminierung unsererseits.

Und nun viel Spaß bei der Lektüre!

Bergisches Land im April 2011

Ralf-Peter Prack und André Czerwionka

Haftungsausschluss: Die fachlichen Inhalte dieses Buches wurden so allgemein wie möglich gehalten und ersetzen keine Fachschulungen. Vor Anwendung der vorgestellten Verkaufsrezepte ist es zwingend erforderlich, dass Sie sich mit den geltenden gesetzlichen und Ihren individuellen tariflichen Rahmenbedingungen vertraut machen. Trotz aller Sorgfalt bei der Recherche zu den fachlichen Inhalten, übernehmen die Autoren und der Verlag keine Gewähr für deren Aktualität und Richtigkeit. Eine Haftung für etwaige Verluste, die aus der Umsetzung der gegebenen Empfehlungen resultieren, schließen die Autoren und der Verlag aus.

Inhalt

Vorwort ... 5

1 Der Verkaufsmagier ... 11

2 Der Zauberkessel ... 15
2.1 Die Ursuppe im Kopf des Kunden – vor dem Kaufimpuls ... 15
2.1.1 Die Gefühlszutat – wie ihre Kunde empfindet ... 18
2.1.1.1 Aktivierung – das Feuer unter dem Zauberkessel ... 19
2.1.1.2 Emotionen – helle oder dunkle Suppe ... 22
2.1.1.3 Motive – das Salz in der Suppe ... 27
2.1.2 Die Realitätszutat – wie Ihr Kunde denkt ... 30
2.1.3 Die Aktionszutat – der Griff des Kunden zum Kugelschreiber 35
2.2 Die Wirkung der Urzutaten auf Kaufentscheidungen ... 40
2.2.1 Extensive Kaufentscheidungen – die langwierige Unterschrift 40
2.2.2 Impulsive Kaufentscheidungen – die spontane Unterschrift ... 41
2.2.3 Habitualisierte Kaufentscheidungen – warum Ihr Kunde nur noch bei Ihnen unterschreibt ... 41
2.3 Die Hilfsmittel – „Man nehme…" ... 42
2.3.1 Zaubersprüche ... 43
2.3.2 Der Zauberstab ... 45
2.3.3 Eye-Catcher ... 46

3 Weiße Magie – die Grundsätze guter Verkaufsmagier ... 51

4 Die Rezeptur – verzaubernde Verkaufsgespräche ... 55
4.1 Die Zaubersprüche für Sachversicherungen ... 56
4.1.1 Fremden Zauber aufdecken – vom guten Zauber überzeugen . 56
4.1.2 Hausratversicherung ... 70
4.1.3 Kfz-Versicherung ... 74
4.1.4 Rechtsschutz ... 77
4.1.5 Unfallversicherung (mit Beitragsrückgewähr) ... 83

4.2	Die Zaubersprüche für Personenversicherungen	99
4.2.1	Altersvorsorge	99
4.2.2	Riester	101
4.2.3	Vermögenswirksame Leistungen in bAV	127
4.2.4	Berufsunfähigkeitsversicherung	140
4.2.5	Krankenversicherung	156
4.3	Baufinanzierung	169
4.4	Der Meistermagier: Cross-Selling – Die ganze Palette rauf und runter	194

Nachwort	207
Anmerkungen	209
Literatur	211
Die Autoren	213

1 Der Verkaufsmagier

„Ziehen Sie sich den Umhang des Verkaufsmagiers an!"

Der Grund, warum Menschen arbeiten und ihre Tätigkeit ausüben, kann durch drei Motive ausgedrückt werden: „Anerkennung", „Spaß" und natürlich auch „Geld". Es gibt keine andere Branche, bei der diese drei Motive so eng miteinander verbunden sind, wie in der Versicherungs- und Finanzdienstleistungsbranche.

Das Ansehen des Berufs „Versicherungsvertreter" hat in unserer Gesellschaft in den letzten Jahren deutlich gelitten. Sprichworte wie *„Wer nichts wird, wird Wirt. Und wem dieses nicht gelungen, der versucht es mit Versiche-*

rungen" verdeutlichen diese Entwicklung. Viele Quereinsteiger als Verkäufer in der Versicherungsbranche lassen sich daher von der fehlenden Anerkennung in unserer Gesellschaft zunächst abschrecken und vermeiden es häufig, ihre Tätigkeit in der Öffentlichkeit als „Versicherungsvertreter" oder „Verkäufer für Versicherungen und Finanzdienstleistungen" zu benennen. Da gibt es Versicherungsvertreter, die nennen sich „Berater" in verschiedenen Ausprägungen. Man muss nicht lange suchen und findet Versicherungsvertreter, die sich selber als „Unternehmensberater", „Finanzberater" oder international orientiert als „Financial Consultant" betiteln. Wenn man hinterfragt, warum sich der Verkäufer für Versicherungen und Finanzdienstleistungen einen solchen Titel gibt und nicht einfach „Versicherungsvertreter" als Beruf nennt, kommt häufig die Antwort, dass es keinen Spaß mache, und hört dann Worte wie „Drückerkolonne" oder „Klinkenputzer". Dieses „Umschreiben" der beruflichen Tätigkeit zeigt eine mangelnde Identität mit dem gewählten Beruf und wird sich auf die Verkaufserfolge und damit auch auf das Einkommen auswirken. In den meisten dieser Fälle wird es nicht lange dauern, dass aufgrund fehlender gesellschaftlicher Anerkennung, fehlendem Spaß an der Tätigkeit und mangelndem Einkommen die Branche gewechselt wird. Die Fluktuation im Berufszweig des Versicherungsvertreters ist immens und kann unter anderem durch diesen Teufelskreis begründet werden.

Ein bedeutendes Marketinginstrument vieler Versicherungsunternehmen ist aber der persönliche Verkauf. Das wesentliche Merkmal dieser Verkaufsform ist der unmittelbare persönliche Kontakt zwischen Verkäufern und Käufern. Diese Form der direkten Kommunikation mit den Kunden hat einen besonderen Stellenwert. Das persönliche Verkaufsgespräch ist erheblich wirkungsvoller als jede Massenkommunikation, wie Zeitungsanzeigen, TV-Spots oder Mailings. Hintergrund ist die bessere Informationsaufnahme durch den Kunden und die größere Flexibilität beim gegenseitigen Informationsaustausch. Durch das persönliche Verkaufsgespräch wird die Aufmerksamkeit des Kunden gezielt auf das zu verkaufende Produkt gelenkt und der Verkäufer hat die Möglichkeit, eventuelle Fragen des Kunden sofort zu beantworten.[1] Verkaufsgespräche werden dabei umso effizienter, je besser das Wissen des Verkäufers darüber ist, wie solche Gespräche geführt werden müssen.

Ein wichtiges Kennzeichen der Versicherungslandschaft ist der Käufermarkt. Käufermärkte zeichnen sich durch einen Angebotsüberhang aus. Die Versorgungslücken der Kunden können daher von verschiedenen Versicherungsunternehmen in adäquater Weise befriedigt werden. Der Vertrieb ist somit einerseits ein ganz wichtiger Sektor für den Erfolg eines Versicherungsunternehmens,[2] andererseits bedingt durch den starken Wettbewerb auch besonders schwierig. Jedes Versicherungsunternehmen hat eine Vielzahl von Verkäufern, die alle bestrebt sind, den Unternehmenserfolg durch gute Absatzzahlen zu vergrößern.

Sie – als Verkäufer von Versicherungen und Finanzdienstleistungen – sind daher für Ihr Unternehmen eine der wichtigsten Personen, die aktiv durch Verkäufe unter den schwierigen Bedingungen des Käufermarktes den Unternehmenserfolg mitgestaltet. Es ist für Sie daher unabdingbar, dass Sie auch mit diesem Selbstverständnis an Ihre Tätigkeit herangehen. Denn was wären Versicherungen ohne Verkäufer? Seien Sie stolz auf diesen Stellenwert, den Sie in Ihrem Unternehmen haben. Wenn Sie also künftig nach Ihrer beruflichen Tätigkeit gefragt werden, antworten Sie mit dem eben geforderten Stolz: „Ich bin Verkäufer für Versicherungen und Finanzdienstleistungen." Sie werden merken, dass Ihnen bei einem so selbstbewussten Auftreten auch eine entsprechende Anerkennung durch Ihre Mitmenschen entgegenkommt. Erfolgreiche Verkaufsmagier handeln stets nach diesem Rezept. Vielleicht finden Sie sich schon jetzt oder bald in diesen Ausführungen wieder. Fragen Sie sich daher stets: „Was wären die Menschen ohne Verkäufer von Versicherungen?" Die Antwort liegt auf der Hand: Nur der Verkäufer ist in der Lage, die komplexen Produkte von Versicherungen und Finanzdienstleistungen zu erklären. Nur dann werden diese Produkte auch gekauft.

Erfolgreiche Verkaufsmagier führen sich stets vor Augen, dass sie einen wichtigen Beitrag zum Wohlstand der Bevölkerung und zum Erfolg ihres Unternehmens beitragen. Darauf sind sie stolz. Diesen Stolz strahlen sie auch in der Öffentlichkeit aus. Sie beachten immer, dass jeder Kontakt zu einem Mitmenschen ein Kontakt zu einem potenziellen neuen Kunden sein könnte.

Vergessen Sie aber dennoch nie, dass Sie in einem der dichtesten Märkte tätig sind. Sie werden im Rahmen Ihrer Verkaufstätigkeit in der Regel immer auf Kunden treffen, die bereits Verträge bei anderen Versicherungsunternehmen und damit auch Kontakt zu einem anderen Verkäufer haben. Es ist nun Ihre Aufgabe, einen solchen Kunden aus dem Bann des Mitbewerbers zu ziehen und ihn für sich zu gewinnen. Das ist keine leichte Aufgabe. Die folgenden Kapitel werden Sie in die Magie des Verkaufs von Versicherungen und Finanzdienstleistungen einweihen und Ihnen konkrete Verkaufsrezepte für Versicherungen verschiedener Sparten an die Hand geben. Sie werden bald merken, mit wie viel Spaß Sie Ihr Einkommen in der Tätigkeit als Verkäufer erhöhen werden. Treten Sie künftig jedem Kunden im „Umhang des Verkaufsmagiers" gegenüber.

2 Der Zauberkessel

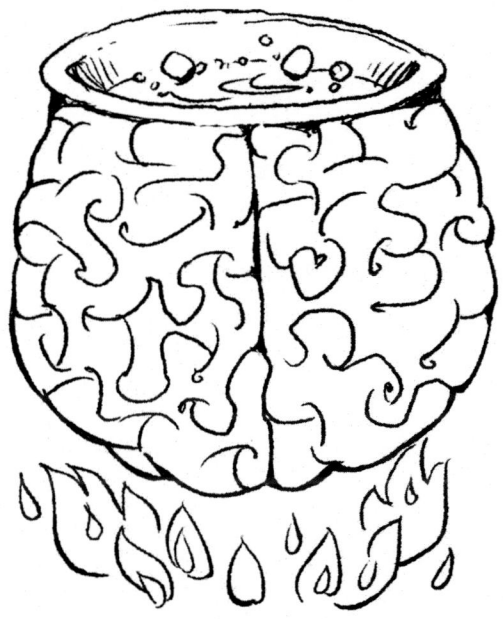

„Das Gehirn Ihres Kunden – Ihr Zauberkessel"

2.1 Die Ursuppe im Kopf des Kunden – vor dem Kaufimpuls

Um die Magie „Verkauf von Finanzdienstleistungen" zu erlernen, müssen Sie wissen, wie Ihr Kunde denkt und handelt. Diese Dinge spielen sich im Kopf Ihres Kunden – also in seinem Gehirn – ab. Das Gehirn des Kunden bildet sozusagen Ihren Zauberkessel, in dem Sie Ihre Suppe brauen, die – bei guter Würzung – für jeden Kunden nach „Kaufen" schmeckt. Der Zauberkessel Ihres Kunden ist jedoch nicht von vornherein leer und muss von Ihnen daher auch nicht komplett befüllt werden. Er enthält bereits einen Sud bzw. eine Ursuppe. Diese Ursuppe müssen Sie entsprechend nachwürzen. Doch bevor wir auf diese Form der Verfeinerung zu sprechen kommen, werden Sie zunächst die Grundbestandteile der Ursuppe kennenlernen. Aufgrund der jeweiligen Funktion der einzelnen Gehirnregionen werden Ihnen dann Grundregeln für Verkaufsmagier an die Hand gegeben, so dass Sie die in Kapitel 4 beschriebenen Verkaufsrezepte optimal anwenden können. Sie erfahren so auf eine sehr einfache Weise, wie das komplexe System „Gehirn" funktioniert und wie Sie diese Erkenntnisse für den Verkauf von Versicherungen und Finanzdienstleistungen einsetzen können.

Das Gehirn des Kunden – Ihr Zauberkessel – setzt sich grob aus dem **Hirnstamm**, dem **Kleinhirn**, dem **Zwischenhirn**, dem **limbischen System** und dem **Großhirn** zusammen. In Abbildung 2.1 sehen Sie das menschliche Gehirn und die o.g. Bestandteile. Für Sie ist es wichtig zu wissen, welche Prozesse in den einzelnen Teilen des Gehirns ablaufen.

Abbildung 2.1 Das Gehirn mit den Systemen der Informationsverarbeitung

Die Ursuppe im Kopf des Kunden – vor dem Kaufimpuls

In der Wissenschaft wird das Gehirn des Menschen als ein **System der Informationsverarbeitung** verstanden. Hintergrund dieser Betrachtungsweise ist die Annahme, dass das beobachtete Verhalten – also das Verhalten Ihrer Kunden – durch Informationen ausgelöst wird. Informationen, die aufgenommen und verarbeitet werden. Dies führt zu der Folgerungskette:

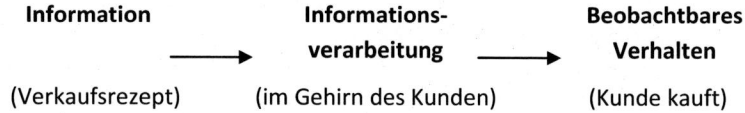

Information	**Informations-verarbeitung**	**Beobachtbares Verhalten**
(Verkaufsrezept)	(im Gehirn des Kunden)	(Kunde kauft)

Informationen sind Reize, die von außen aber auch von innen aufgenommen werden. Informationen von außen sind insbesondere die Informationen, die Sie Ihrem Kunden im Rahmen des Verkaufsgesprächs vermitteln. Informationen von innen sind wahrgenommene Informationen wie Hunger und Durst. Am Ende dieses Buches werden Sie in den Verkaufsrezepten erfahren, welche Ausgangsinformationen Sie Ihrem Kunden vermitteln müssen, um die Ursuppe – das System der Informationsverarbeitung – so zu würzen, dass das beobachtbare Verhalten „Kaufen" widerspiegelt.

Die Bestandteile des Gehirns Ihres Kunden – das System der Informationsverarbeitung – vereinen drei Urzutaten:

- Die emotive Informationsverarbeitung – die Gefühlszutat
- Die kognitive Informationsverarbeitung – die Realitätszutat
- Die motorische Informationsverarbeitung – die Aktionszutat

Diese drei Urzutaten sind wechselseitig miteinander verbunden und werden in den folgenden Abschnitten näher betrachtet.[3]

> **Zusammenfassung**
>
> Das Gehirn Ihres Kunden ist ein **System der Informationsverarbeitung**. Informationen werden in diesem System von innen und außen aufgenommen. Die Verarbeitung dieser Reize erfolgt **emotiv**, **kognitiv** und **motorisch**. Nach der Verarbeitung bewirken die aufgenommenen Informationen eine Reaktion Ihres Kunden, die unter Anwendung der Verkaufsrezepte in Kapitel 4 des Buches „Kaufen" sein sollte.
>
> Das Gehirn Ihres Kunden bzw. das System der Informationsverarbeitung wird als Ursuppe bezeichnet, die Sie als Magier im Verkauf von Versicherungen und Finanzdienstleistungen zu einem Zaubersaft verfeinern müssen. Der Zaubersaft schmeckt Ihrem Kunden nach „Kaufen".

2.1.1 Die Gefühlszutat — wie ihre Kunde empfindet

Die Grundgewürze im System der emotiven Informationsverarbeitung sind – wie der Name schon sagt – Emotionen und Motive. Also innere Erregungszustände, die einerseits eher **im Hintergrund des Bewusstseins** Ihres Kunden ihre geschmackliche Wirkung entfalten und andererseits erheblich den Geschmack „Kaufen" beeinflussen.

Das System der emotiven Informationsverarbeitung ermöglicht Ihrem Kunden eine schnelle Anpassung an die Umwelt – **ohne rationales Bewusstsein** (Denkprozesse). Dieser Teil des Gehirns ist in der Evolutionsgeschichte früher entstanden als das Großhirn, wo die tatsächlichen Denkprozesse stattfinden.

Veranschaulichen lässt sich diese Tatsache bei Kleinkindern. Im Rahmen der Entwicklung des Menschen vom Kleinkind zum Greis bildet der Körper die Evolutionsgeschichte nach. Ebenso der Zauberkessel – das Gehirn. Zunächst entwickelt sich das Zentrum der motorischen Informationsverarbeitung, dann das der emotiven Informationsverarbeitung und dann das Zentrum der kognitiven Informationsverarbeitung. Bei Kleinkindern ist das emotive System der Informationsverarbeitung somit eher ausgebildet und einsatzfähig als das kognitive System der Informationsverarbeitung. Um dennoch – also ohne rationales Bewusstsein – eine Einschätzung der Umwelt durchführen zu können, werden Umweltreize, wie die Mutter, ein Tisch oder auch Kälte und Wärme mit positiven und negativen Empfindungen – sogenannten Valenzen – belegt. Valenzen können als lang anhaltende diffuse Emotionen bezeichnet werden, die gelernt werden. Im Laufe des Heranwachsens überlagert das kognitive System der Informationsverarbeitung die emotive Verarbeitung und vermischt den rein gefühlsbetonten Geschmack der Ursuppe mit Denkprozessen. Der Geschmack der emotiven Informationsverarbeitung wird jedoch während des gesamten Lebens herauszuschmecken sein.

Dieser Geschmack setzt sich ebenfalls aus drei Grundgewürzen zusammen:

- ■ der Aktivierung,
- ■ den Emotionen

und

- ■ den Motiven.[4]

Diese Grundgewürze können Sie als Verkaufsmagier hinsichtlich Dosierung und Geschmack beeinflussen. Um was es sich bei diesen Grundgewürzen genau handelt und welche grundlegenden Zauberregeln sich daraus ableiten, erfahren Sie in den nächsten Abschnitten.

2.1.1.1 Aktivierung – das Feuer unter dem Zauberkessel

Aktivierung ist die Basis allen Handelns. Es ist ein Erregungszustand, durch den Ihr Kunde leistungsbereit und -fähig wird. Vergleichbar mit dem Feuer unter dem Zauberkessel, der den Inhalt Ihres Hexengebräues zum Kochen bringt und die geschmackliche Wirkung entfalten lässt. Es handelt sich bei diesem Feuer um eine nie erlöschende Flamme, die mal stärker und mal weniger stark brennt. Die Stärke der Flamme bestimmt die Wachheit Ihres Kunden.

Wachheit können Sie sich gut selber erklären, wenn Sie an Ihre eigene Wachheit denken. Morgens sind Sie noch müde und werden spätestens zur Mittagszeit richtig wach sein. Vom Nachmittag zum Abend hin, nimmt Ihre Wachheit wieder ab und in der Nacht schlafen Sie. Ihre Aktivierungsflamme ist somit morgens sehr klein, wird über den Tag verteilt aufgedreht, um dann gegen Abend wieder kleiner zu werden. Je stärker die Flamme gerade aufgedreht ist, desto leistungsfähiger sind Sie im Allgemeinen. Die über einen solchen langen Zeitraum beschriebene Änderung der Flamme wird in der Wissenschaft als **tonische Aktivierung** bezeichnet. Sie verändert sich nur langsam und ist häufig von tagesperiodischen Einflüssen abhängig. Bei einem „Nachtmenschen" ist demnach die Flamme in der Nacht ganz aufgedreht und bei einem „Tagmenschen" eher am Tag.

Da es bei Verkaufsgesprächen für Versicherungen und Finanzdienstleistungen sehr häufig um komplexe Sachverhalte geht, und Kunden in der Regel nur dann kaufen, wenn sie die Dienstleistung auch verstanden haben, muss Ihr Kunde leistungsfähig sein. Bitte beachten Sie in diesem Zusammenhang, dass beispielsweise bei einem Schichtarbeiter in der Zeit der Nachtschicht das Feuer unter seinem Kessel schon am späten Nachmittag auf Sparflamme gestellt und damit seine Leistungsfähigkeit eingeschränkt ist. Ein Angestellter hingegen mit geregelten Arbeitszeiten am Tag wird auch am späten Nachmittag noch leistungsfähiger als der andere Kunde sein. Hintergrund sind hier die unterschiedlichen Tagesperioden, die diese beiden Berufsgruppen haben. Während der Wecker des Schichtarbeiters klingelt, schläft der Angestellte sicherlich noch. Demnach verschiebt sich auch zeitlich das Intervall, in dem sich die Dauerflamme auf- und wieder abbaut. Daraus ergibt sich die erste Grundregel des Verkaufsmagiers:

> **Erste Grundregel des Verkaufsmagiers**
>
> Versuchen Sie bei der Terminierung eines Verkaufsgesprächs, einen Termin in den Zeitraum des Tagesablaufs Ihres Kunden zu legen, in dem seine Aktivierungsflamme aus Ihrer Sicht aufgedreht sein sollte.

Die Dauerflamme Ihres Kunden kann aber auch kurzfristig – egal in welcher Stärke sie gerade brennt – durch einen Aktivierungsschub zu einer Stichflamme werden und so die Ursuppe zum Kochen bringen. Ihr Kunde wird durch eine solche Stichflamme unter dem Kessel in seiner momentanen Wachheit leistungsfähiger. Diese Stichflammenaktivierung wird in der Wissenschaft als **phasische Aktivierung** bezeichnet. Auslöser für eine solche Stichflamme können Reize von außen sein, die die Aufmerksamkeit auslösen.

Auch Sie kennen das, wenn Sie plötzlich durch ein ungewöhnliches Geräusch in der Nacht wach werden. Die Flamme unter Ihrem Kessel hat fast gar nicht gebrannt als Sie schliefen. Das ungewöhnliche Geräusch löst eine Stichflamme unter Ihrem Kessel aus und reißt Sie aus dem Schlaf. Sie hören gebannt und aufmerksam nach der Ursache des Geräuschs. Sie sind in diesem Moment leistungsfähiger und aufmerksamer als vorher.

Genauso verhält es sich, wenn Sie beispielsweise Teilnehmer eines Seminars sind. Seminare finden üblicherweise tagsüber statt. Sie haben also in der Nacht geschlafen, sind am Morgen aufgestanden und besuchen dann das Seminar. Gegen 11.00 Uhr hat Ihre Wachheit den Höhepunkt erreicht. Die Flamme der tonischen Aktivierung ist voll entfaltet. Nun wird ein Thema in diesem Seminar durch den Dozenten angesprochen, dass Sie brennend interessiert und Ihre Aufmerksamkeit erhöht. Das ohnehin schon stark brennende Feuer unter ihrem Kessel wird durch den Stichflammeneffekt – die phasische Aktivierung – noch einmal intensiviert. Ihre Ursuppe beginnt zu kochen. Sie sind auf dem Höhepunkt Ihrer Leistungsfähigkeit angelangt. Die fachlichen Inhalte, die Sie nun von dem Dozenten vermittelt bekommen, müssen jetzt von Ihrem Gehirn verarbeitet werden. Wenn Ihnen das gelingt und Sie dem Dozenten folgen können, bleiben Sie weiter aufmerksam und leistungsfähig. Können Sie ihm aber nicht mehr folgen, geraten Sie in eine leichte Form eines Panikzustands. In diesem Zustand versuchen Sie zunächst krampfhaft zu verstehen. Doch am Ende schalten Sie ab. Sie hören nicht mehr zu. Solange, bis die monotone Frontbeschallung des Dozenten Sie müde macht. Ihre Leistungsfähigkeit und die Flamme, die Ihren Kessel erhitzt, haben in diesem Moment wieder ein Minimum erreicht.

Ähnlich geht es Ihrem Kunden, wenn Sie ihn im Rahmen eines Verkaufsgesprächs für Versicherungen und Finanzdienstleistungen mit zu vielen Informationen überlasten. Er kann Ihnen nicht mehr folgen und wird müde. Sie als Verkaufsmagier müssen daher wissen, welche Informationen für

Ihren Kunden im Verkaufsgespräch relevant und welche Informationen weniger relevant sind. Auch müssen Sie wissen, wie Sie die Informationen vermitteln. Sehr häufig wenden Verkäufer die Strategie an, mit ihrem ganzen Wissen zu glänzen. Das Ergebnis ist dann oftmals nicht befriedigend – denn „der Fachidiot schlägt die Kunden tot". Oder anders ausgedrückt: Der Fachidiot dreht die Aktivierungsflamme des Kunden soweit herunter, bis der Kunde müde wird und nicht mehr aufmerksam ist.[5] Seine Bereitschaft zur Leistung und damit seine Leistungsfähigkeit nehmen ab. Daraus ergibt sich die zweite Grundregel des Verkaufsmagiers:

> **Zweite Grundregel des Verkaufsmagiers**
>
> Geben Sie Ihrem Kunden nur die Informationen, die für ihn wichtig sind.

Die im letzten Teil des Buches beschriebenen Verkaufsrezepte berücksichtigen genau diese Tatsache. Sie beschränken sich auf die jeweils wesentlichen Informationen und beziehen den Kunden in das Verkaufsgespräch ein, so dass dieser aufmerksam und damit aktiviert ist. Die beschriebenen Verkaufsrezepte drehen in diesem Sinne die Aktivierungsflamme des Kunden aufgrund Ihrer gewählten Semantik – also der Wort- und Zeichensprache – auf. Doch bis es soweit ist und Sie die Verkaufsrezepte lesen, sollten Sie noch die restlichen Zutaten der emotiven Informationsverarbeitung kennenlernen.

Während die Aktivierung für die Wärme der Ursuppe zuständig ist und als das Feuer unter dem Kessel beschrieben wurde, wird nun auf die Emotionen eingegangen. Emotionen entscheiden, ob die Suppe, die Sie brauen positiv oder negativ schmeckt.

2.1.1.2 Emotionen – helle oder dunkle Suppe

Wir sind immer der Meinung, dass wir alles bewusst tun. Dennoch müssen wir uns eingestehen, dass Emotionen vielmehr unser Verhalten bestimmen als wir annehmen. Das plötzliche Geräusch in der Nacht, wenn wir schlafen, löst nicht nur eine Stichflamme unter unserem Kessel aus, sondern sagt uns auch, dass unter Umständen Gefahr im Verzug ist. Eine Form von

„Angst" wird ausgelöst. Es handelt sich dabei um eine spontane Emotion. Solche spontanen Emotionen wirken sich auf Ihre Stimmung aus. Das kann auch nachhaltig sein. Sie haben beispielsweise das Geräusch nicht lokalisieren und identifizieren können und eine schlaflose Nacht gehabt. Nach dem Aufstehen stellt sich vielleicht eine Niedergeschlagenheit ein.[6] Diese Stimmung hält sich dann unter Umständen den ganzen Tag.

Eine grobe Einteilung von Stimmungen kann in **positiv** und **negativ** erfolgen. Sie müssen Ihren Kunden in eine positive Stimmung verzaubern. Stimmungen sind lang anhaltende Dauertönungen des Erlebens, die alle weiteren Informationsverarbeitungsprozesse beeinflussen. Sie färben das Erlebte förmlich ein. Alles was ein niedergeschlagener Mensch an diesem „trüben" Tag erlebt, erhält automatisch einen etwas negativen Anstrich.[7] Im Rahmen der Wissenschaft kann diese Tatsache mit der „klassischen Cannon-Bard-Theorie" erklärt werden. Dieser Theorie zufolge erreichen Reize, wie wahrgenommene Objekte (bspw. Menschen) oder Worte und Bilder, zunächst das emotive System der Informationsverarbeitung, lösen dann dort eventuell eine Stichflamme unter unserem Kessel aus, werden gleichzeitig emotional eingefärbt, bevor sie dann in unser Bewusstsein gelangen. **Abbildung 2.2** zeigt den Weg, den eingehende Informationen in unserem Gehirn nehmen.[8]

Abbildung 2.2 Verlauf der eingehenden Informationen im Gehirn,
Quelle: In Anlehnung an Behrens (1988), S. 56

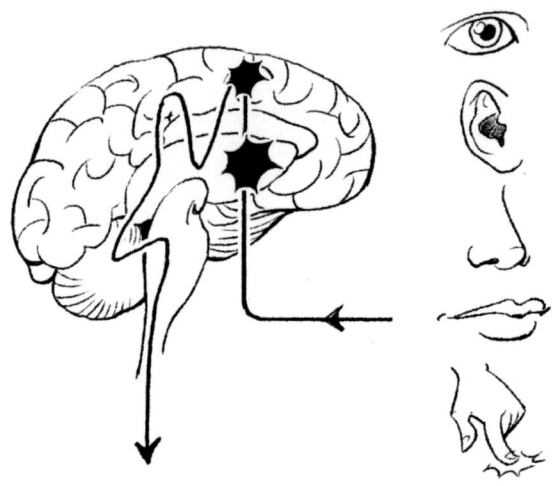

Reize – also Bilder, Geräusche, Gerüche, Worte und Gefühltes – durchlaufen zunächst das emotive System der Informationsverarbeitung, bevor sie dann das kognitive und motorische System der Informationsverarbeitung erreichen. Das emotive System der Informationsverarbeitung spielt sich im Hintergrund des Bewusstseins ab. Im kognitiven System der Informationsverarbeitung befindet sich das Bewusstsein – die tatsächlichen Denkprozesse. Bevor wir also eine Information bewusst erleben, wird die eingehende Information je nach Stimmung positiv oder negativ eingefärbt. Selbst wertneutrale Informationen sind von dieser emotionalen Einfärbung nicht befreit. Menschen können daher eine Sache, eine Situation oder ein Bild nicht objektiv – also neutral – beurteilen. Menschen sind immer subjektiv! Daraus ergibt sich die dritte Grundregel des Verkaufsmagiers:

Dritte Grundregel des Verkaufsmagiers

Beachten Sie immer, dass Ihr Kunde alles was er von Ihnen wahrnimmt unbewusst positiv oder negativ einfärbt.

Diese ständige unbewusste Einfärbung von Sachverhalten und Dingen führt dazu, bestimmte Objekte (Personen, Institutionen, Produkte, usw.) dauerhaft positiv oder negativ auszurichten. Eine solche dauerhafte Ausrichtung in positiv oder negativ nennt man Einstellung.[9]

Viele Kunden haben gegenüber dem Beruf des Versicherungsvertreters eine negative Einstellung. *„Die Beziehung zwischen Ihnen und dem Kunden (im Verkaufsgespräch) ist, was die Glaubwürdigkeit angeht, von Beginn an immer negativ belastet. Dem Kunden ist bewusst, dass ein Verkäufer primär verkaufen will und daher negative Äußerungen über das Produkt tunlichst vermeidet. Kunden sind in der Regel bemüht, dieses Misstrauen nicht zum Ausdruck zu bringen. Beide Parteien können somit nicht mit einer bedingungslosen Ehrlichkeit des Anderen rechnen."*[10]

Diese Einstellung des Kunden Ihnen gegenüber muss „umgezaubert" werden. Das beginnt schon bei der Gestaltung Ihres Äußeren. Verkaufsmagier tragen bei Verkaufsgesprächen immer Berufskleidung. Dieses Zaubergewand ist selbstverständlich der Anzug. Der Anzug färbt Sie bei Ihrem Kunden durch das emotive System der Informationsverarbeitung in seinem Unterbewusstsein in die Farben „glaubwürdig" und „kompetent". Zahlreiche Studien haben diese Tatsache untersucht und bestätigt.[11] Gleichzeitig wird in der Regel der Anzug als Berufskleidung für Verkäufer von Versicherungen und Finanzdienstleistungen von den Kunden erwartet. Neben den Farben „glaubwürdig" und „kompetent" – die Sie sich mit Ihrem Zaubergewand überstreifen – können Sie sich auch die Farbe „sympathisch" anziehen. Ihr Kunde findet Sie sympathisch, wenn Sie nicht nur attraktiv sind, sondern dem Kunden auch vertraut und ähnlich sind. Auch, wenn Sie Ihrem Kunden Komplimente machen, schmeckt die Suppe in Ihrem Zauberkessel – dem Gehirn des Kunden – nach „Sympathie".[12] In **Abbildung 2.3** sehen Sie nochmals die Faktoren, die Ihren Kunden das Gefühl vermitteln, dass Sie „glaubwürdig", „kompetent" und „sympathisch" sind.

Abbildung 2.3 Faktoren für den positiven Anstrich,
Quelle: In Anlehnung an Prack (2010), S. 34

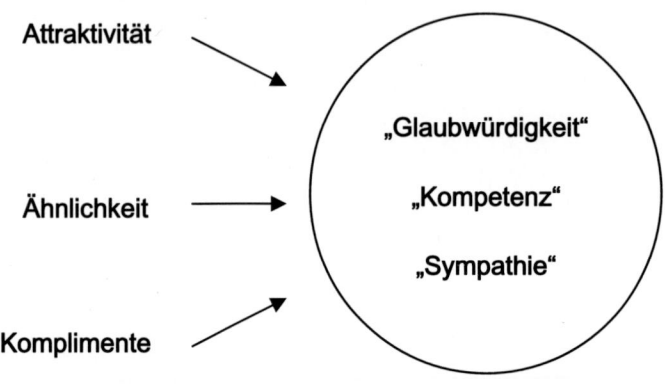

Färben Sie sich und die Informationen, die Sie Ihren Kunden geben auf dieses Art positiv ein. Die Einstellung Ihres Kunden Ihnen gegenüber wird sich positiv verändern. Daraus ergibt sich die vierte Grundregel für Verkaufsmagier:

> **Vierte Grundregel des Verkaufsmagiers**
> Seien Sie immer gepflegt, angemessen gekleidet und sympathisch.

Hintergrund dessen ist die wissenschaftliche Annahme, dass mit zunehmender Stärke der positiven Einstellung zu einem Produkt oder einer Dienstleistung die Kaufwahrscheinlichkeit steigt.[13] Die folgende Abbildung verdeutlicht diesen Zusammenhang.

Abbildung 2.4 Zusammenhang zwischen Kaufwahrscheinlichkeit und Stärke der positiven Einstellung, Quelle: Kroeber-Riehl (2009), S. 220

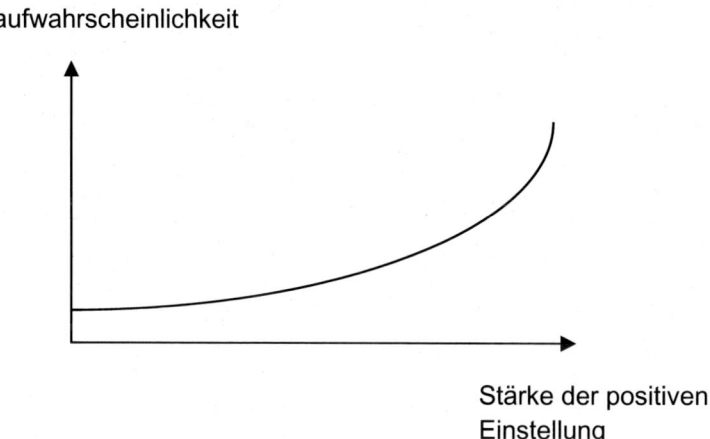

Nur wenn die Einstellung des Kunden Ihnen und Ihren Produkten gegenüber positiv ist, wird Ihr Kunde auch bei Ihnen kaufen. Ebenso muss Ihr Produkt ein Bedürfnis des Kunden befriedigen. Ihr Kunde wird dann die Motivation haben, dieses Bedürfnis befriedigen zu wollen. Er kauft.

2.1.1.3 Motive – das Salz in der Suppe

Motive sind das Salz in Ihrer Suppe. Jede Ursuppe hat hier eine andere Dosierung. Motive bilden den Geschmack „Kaufen", der bei jedem Kunden anders mundet. Motive sind bewusst gewordene Mangelzustände. Also Bedürfnisse. Diese Bedürfnisse sind Ihrem Kunden bereits vor dem Verkaufsgespräch bewusst oder müssen noch von Ihnen als Verkäufer geweckt werden. In der Regel ist Letzteres der Fall. Wichtig in diesem Zusammenhang ist für Sie zu wissen, dass die Bedürfnisse des Kunden im Bewusstsein – also kognitiv – verarbeitet werden. Bei dieser Verarbeitung des Mangelzustands werden soziale Faktoren wie Einkommen, Bildung,

Familienstand einbezogen. Beispielsweise sehen Kunden mit einem großen Vermögen die zu erwartende Rente aus der Deutschen Rentenversicherung (DRV) weniger als Mangelzustand an, als der Durchschnittsverdiener. Auch gibt es Bürger, die generell gar keine Bestrebungen anstellen, private Altersvorsorge zu betreiben. Hintergrund könnte hier die Einstellung sein, dass die Sozialleistungen des Staates im Alter ausreichend sind. Der Abschluss einer privaten Altersvorsorge könnte demnach nicht bei jedem Kunden durch das Motiv „Sicherheit" zu der Bedürfnisbefriedigung – dem Kauf – führen.[14] Sie müssen daher genau wissen, welches Bedürfnis bei Ihrem Kunden eine Kaufhandlung zur Bedürfnisbefriedigung auslöst. Wichtige Gründe, warum Kunden Versicherungen und Finanzdienstleistungen kaufen sind:

1. **Sicherheit**

   Das Motiv „Sicherheit" spielt bei Versicherungen und Finanzdienstleistungen eine besonders große Rolle. Hier geht es insbesondere um die Sicherheit von Haus, Familie, Einkommen und Altersvorsorge.

2. **Rendite**

   Die Deutschen sind das Volk der Sparer. Hier liegt es nahe, dass das gesparte Geld auch eine ordentliche Verzinsung – also einen Gewinn – abwerfen soll. Finanzielle Vorteile sind immer ein guter Grund sowohl für Privatpersonen als auch für Unternehmen, mit Ihnen ins Geschäft zu kommen.

3. **Neugier**

   Der Versicherungsmarkt zeichnet sich durch einen starken Verdrängungswettbewerb aus. Es gibt kaum eine Person, die nicht schon einen festen Versicherungsberater bzw. eine Versicherung bei einem Unternehmen hat. Der Wunsch nach neuen Erfahrungen mit einem anderen Berater und Unternehmen kann letztendlich ausschlaggebend sein, bei Ihnen abzuschließen. Zudem werden auf dem Versicherungs- und Finanzdienstleistungsmarkt häufig neue innovative Produktkonzepte angeboten. Speziell im Bereich der Geldanlagen kann dieses Bedürfnis geweckt werden und den Kunden zum Kauf veranlassen.

4. **Prestige**

   Prestige und Anerkennung ist sicherlich immer dann ein Bedürfnis, wenn Versicherungen und Finanzdienstleistungen für Dritte abgeschlossen werden. Solche Vertragskonstellationen findet man beispielsweise bei Arbeitgebern, die eine betriebliche Altersvorsorge für ihre Mitarbeiter abschließen oder auch bei Geldanlagen für Patenkinder.

5. **Selbstverwirklichung**

   Der Traum des selbstbestimmten Lebens ohne Arbeit schlummert in jedem von uns. Wer möchte nicht nur die Dinge tun müssen, zu denen er gerade Lust hat? Gerade der Bereich der Versicherungen und Finanzdienstleistungen gibt Ihnen die nötigen Produkte an die Hand, die es Ihrem Kunden ermöglichen, dieses Bedürfnis schneller in seinem Leben zu befriedigen.

6. **Bequemlichkeit**

   Der Mensch ist von Natur aus faul. Ihre Kunden sind in der Regel nicht so gut informiert wie Sie. Ihr Wissensvorsprung weckt daher einen Serviceanspruch an Sie. Häufig müssen bei Versicherungs- und Finanzdienstleistungen auch während der Laufzeit Fristen und andere gesetzliche Regelungen beachtet werden. Die Aufgabe, auch nach dem Verkauf einen guten und für den Kunden bequemen Service zu leisten, obliegt Ihnen. Wenn Sie Ihrem Kunden das Gefühl von umfassender Sorglos-Betreuung vermitteln können, kann auch durch dieses Motiv der Kauf herbeigeführt werden.

7. **Gesundheit**

   Gesundheit als solche können Sie als Versicherungs- und Finanzdienstleister nicht verkaufen. Sie können aber im Rahmen der Gesundheitsvorsorge beispielsweise Tarife mit Beitragsrückerstattung anbieten, wenn der Leistungsfall nicht eintritt, so dass Sie auch bei diesem Kundenbedürfnis punkten können.

Im weiteren Verlauf des Buches werden Ihnen exemplarisch verschiedene Verkaufsrezepte für ausgesuchte Sparten und Produkte vorgestellt. Damit Sie wissen, ob die Verkaufsrezepte bei Ihrem Kunden die richtigen sind und ihren Zauber voll entfalten können, müssen Sie herausfinden, welches

Motiv Ihren Kunden zum Kaufen bewegt. Eine solche Erkenntnis, erhalten Sie durch eine ordentliche **Bedürfnisanalyse**. Sicher haben Sie im Vertrieb schon oft den Ausspruch „Wer fragt, der führt!" gehört. Damit ist gemeint, dass Sie den Kunden durch offene Fragen zum Sprechen bringen sollen und die Informationen, die Sie dann erhalten, für die Auswahl des richtigen Verkaufsrezeptes nutzen. Um das zu erreichen, müssen Sie allerdings die Flamme unter dem Kessel Ihres Kunden aufdrehen und ihn dazu aktivieren Ihnen diese Informationen zu geben. Eine solche Aktivierung erreichen Sie durch offene Fragen – also Fragen, auf die man nicht schlicht mit „Ja" oder „Nein" antworten kann. Die meisten dieser Fragen fangen immer mit „W" an und werden daher auch „W-Fragen" genannt. Die Fragen, die das Feuer unter dem Kessel Ihres Kunden erhitzen, beginnen daher mit den Worten „Warum", „Wer", „Was", „Wie", etc. Daraus ergibt sich die fünfte Grundregel für Verkaufsmagier:

> **Fünfte Grundregel des Verkaufsmagiers**
>
> Führen Sie eine Bedürfnisanalyse durch und finden Sie heraus, welcher Mangelzustand Ihren Kunden antreibt.

Nur so können Sie sicher sein, dass Sie die richtige Rezeptur bzw. die richtige Argumentation wählen und die Informationen, die Sie Ihren Kunden damit geben, in ihrem Bewusstsein in Richtung „Kaufen" verarbeitet werden.

2.1.2 Die Realitätszutat – wie Ihr Kunde denkt

Sie wissen bereits, dass die verschiedenen Systeme der Informationsverarbeitung miteinander vernetzt sind. Die durch das System der emotiven Informationsverarbeitung positiv oder negativ eingefärbten Reize werden in dem System der kognitiven Informationsverarbeitung wahrgenommen und geistig verarbeitet. Es findet also eine Arbeitsteilung im Zauberkessel statt. Während das System der emotiven Informationsverarbeitung in erster Linie dann die Oberhand bei dieser Arbeitsteilung hat, wenn Situationen eher unwichtig sind, schaltet sich das kognitive System der Informationsverarbeitung immer dann ein, wenn Situationen neu oder problematisch sind.

Das Geräusch in der Nacht, das Sie nicht kennen, löst eine Stichflamme unter Ihrem Kessel aus. Es aktiviert Sie. Gleichzeitig wird eine Emotion wie „Angst" ausgelöst und Sie versuchen das Geräusch zu lokalisieren. Das System der kognitiven Informationsverarbeitung beginnt zu arbeiten. Haben Sie das Geräusch jedoch lokalisiert und als „ungefährlich" identifiziert, ist es für Sie bei einem erneuten Auftreten nicht mehr neu. Sie machen sich hierzu keine Gedanken mehr. Das kognitive System der Informationsverarbeitung tritt wieder in den Hintergrund während das System der emotiven Informationsverarbeitung wieder in den Vordergrund tritt und das Geräusch in Ihrem Unterbewusstsein mit positiver oder negativer Farbe bzw. mit einem positiven oder negativen Geschmack belegt.

Anhand dieses Beispiels erkennen Sie, dass im Rahmen der Informationsverarbeitung die verschiedenen Teile des Gehirns wechselseitig beansprucht werden. Dem Großhirn, der Teil des Zauberkessels, in dem sich das Bewusstsein befindet, kommt eine besondere Bedeutung zu. Hier wird alles entschieden. Man kann daher hier auch von der Innen- bzw. Selbstbestimmung des Menschen reden, die sich im Großhirn vollzieht – allerdings auf Basis dessen, wie es im Unterbewusstsein, dem emotiven System geschmacklich eingefärbt wurde.[15]

Wenn Informationen als nicht mehr so wichtig angesehen werden, wandern sie in das Unterbewusstsein. Das ist ein natürlicher Mechanismus, da die kognitive Informationsverarbeitung hinsichtlich ihrer Fähigkeit, Informationen aufzunehmen, begrenzt ist. Die verschiedenen Systeme der Informationsverarbeitung haben daher auch eine Filterfunktion. Im Großhirn Ihres Kunden kommen nur die Informationen an, die für ihn auch als wichtig angesehen werden. Unwichtige Informationen werden „überhört".

Erinnern Sie sich in diesem Zusammenhang an die zweite Grundregel des Verkaufsmagiers: **„Geben Sie Ihrem Kunden immer nur die Informationen, die er braucht."** Dabei müssen Sie jedoch darauf achten, dass die Informationsweitergabe auf eine verständliche Art und Weise erfolgt. Ihr Kunde muss verstehen, was Sie ihm mitteilen und die Flamme unter seinem Kessel muss weiter brennen. Sie müssen bedenken, dass die Informationen, die Sie dem Kunden im Verkaufsgespräch geben, stets in Konkurrenz mit anderen Reizen stehen. Der für den Kunden als wichtiger erachtete Reiz wird eher bewusst verarbeitet, der unwichtigere fällt dem Filtermechanismus zum Opfer. Wenn Sie also das Geräusch in der Nacht hören, während im Hintergrund ein Hörspiel läuft, wird beim ersten Auftreten des Geräuschs das Hörspiel dem Filter zum Opfer fallen. Es wird nicht mehr wahrgenommen. Nachdem das Geräusch jedoch bekannt ist und als nicht so wichtig eingestuft wird, fällt dieses wieder in den Hintergrund und das Hörspiel tritt in den Vordergrund.[16] Es ist daher wichtig, dass Sie Ihre Produkte so einfach wie möglich darstellen. Ihre Informationen stehen in ständiger Konkurrenz mit anderen Reizen, wie das Radio im Hintergrund, der vorbeifahrende Zug, der Lärm einer Baustelle und das Signalhorn des Notarztwagens, etc. Daraus ergeben sich die sechste und siebte Grundregel für Verkaufsmagier:

> **Sechste Grundregel des Verkaufsmagiers**
>
> Stellen Sie Ihre Produkte immer so einfach wie möglich dar.

> **Siebte Grundregel des Verkaufsmagiers**
>
> Stellen Sie sicher, dass das Verkaufsgespräch in einer ruhigen Atmosphäre stattfindet, so dass Ihr Kunde nicht abgelenkt werden kann.

Wie Sie schon wissen, ist die kognitive Informationsverarbeitung der Teil des Gehirns Ihres Kunden, in dem Ihr Kunde seine Kaufentscheidung bewusst trifft. Hier entscheidet er, ob Sie seine Unterschriften am Ende des Tages auf den Anträgen erhalten oder nicht. Die kognitive Informationsverarbeitung stellt sich immer dann ein, wenn die Aktivierungsflamme unter dem Zauberkessel aufgedreht ist und die Informationen, die Sie Ihrem Kunden vermitteln nicht dem Filtermechanismus zum Opfer fallen. Die Ursuppe im Kopf Ihres Kunden muss kochen, so dass sich ein bewusster Kaufentscheidungsprozess einstellt. Ein Kaufentscheidungsprozess besteht aus fünf Schritten:

1. Wahrnehmung
2. Bewertung
3. Entscheidung

4. Realisation

5. Befriedigung[17]

Zunächst nimmt Ihr Kunde – sofern er denn aktiviert ist – die von Ihnen vermittelten Informationen wahr. Diese werden von ihm bewertet. Im Anschluss an diese Bewertung trifft Ihr Kunde eine Entscheidung, die da heißt „Kaufen" oder „nicht Kaufen".

Wesentlich dabei ist, dass der tatsächliche Entscheider bzw. die Entscheidergruppe im Verkaufsgespräch anwesend ist. Häufig werden Kaufentscheidungen in Privathaushalten sowohl von der Ehefrau und dem Ehemann gemeinsam getroffen. Auch wenn Sie in Unternehmen Beratungsgespräche durchführen, sind in der Regel mehrere Personen an der Kaufentscheidung beteiligt. Es ist daher wichtig, dass alle Entscheider in Ihrem Beratungsgespräch anwesend sind. Daraus ergibt sich die achte Grundregel für Verkaufsmagier:

> **Achte Grundregel des Verkaufsmagiers**
>
> Stellen Sie sicher, dass alle Entscheider beim Verkaufsgespräch zugegen sind.

Da Sie wissen, dass grundsätzlich durch das emotive System der Informationsverarbeitung eine unbewusste positive oder negative Einfärbung der Welt erfolgt, ist die Einhaltung der Grundregeln für Verkaufsmagier ein wesentliches Fundament für eine positive Entscheidung des Kunden. Einer positiven Entscheidung Ihres Kunden folgt dann die Realisation – die Kaufhandlung, die zu einer Befriedigung des von Ihnen in der Bedürfnisanalyse herausgefundenen Kaufmotivs führt. Bitte beachten Sie in diesem Zusammenhang, dass auch immer im Anschluss an die Bedürfnisbefriedigung wieder eine Bewertung erfolgt. Nämlich die Bewertung inwieweit tatsächlich das Bedürfnis des Kunden befriedigt wurde. Dieser Punkt ist insbesondere bei Versicherungen und Finanzdienstleistungen von großer Bedeutung. Sie verkaufen Produkte bzw. Dienstleistungen, die erst im Versicherungsfall ihre tatsächliche Leistung entfalten. Erst dann wird aus einer Police ein tatsächlicher Mehrwert für Ihren Kunden, an dem er erkennt, ob tatsächlich die von Ihnen vermittelte Bedürfnisbefriedigung eintritt. Dies ist wichtig, da Ihr Kunde in diesem Moment – häufig erst lange Zeit nach seiner Kaufentscheidung – feststellt, ob das, was Sie ihm gesagt haben, auch seine Richtigkeit hat.[18]

Abbildung 2.5 Der Kaufentscheidungsprozess im Zauberkessel Ihres Kunden, Quelle: In Anlehnung an Behrens (1988), S. 127

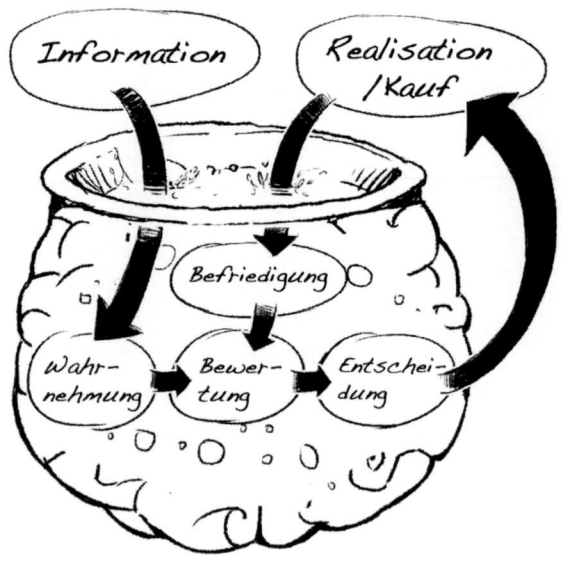

Hieraus kann die neunte Grundregel für Verkaufsmagier hergeleitet werden:

Neunte Grundregel des Verkaufsmagiers

Verkaufen Sie nur Produkte, die im Leistungsfall auch die Versprechen, die Sie Ihrem Kunden nach bestem Wissen und Gewissen gegeben haben, halten.

Anhand des in **Abbildung 2.**5 dargestellten Kaufentscheidungsprozesses wird deutlich, dass die Kaufentscheidung im Bewusstsein des Kunden getroffen wird. Der eigentliche Kauf spielt sich dann jedoch außerhalb des Zauberkessels ab. Das Gehirn hat bereits den Befehl gegeben, die von Ihnen vorgelegten Anträge zu unterschreiben. Dieser Befehl wird dann entsprechend der **Abbildung 2.**2 in den Hirnstamm weitergeleitet und in eine körperliche Bewegung umgesetzt. Eine Handlung, bei der die motorische Informationsverarbeitung ins Spiel kommt.

2.1.3 Die Aktionszutat – der Griff des Kunden zum Kugelschreiber

Die eigentliche Kaufhandlung Ihres Kunden – das Setzen der Unterschriften auf den von Ihnen vorgelegten Anträgen – wird durch das motorische System der Informationsverarbeitung gesteuert. Es koordiniert in Abstimmung mit der emotiven und kognitiven Informationsverarbeitung die Bewegungen. In unserem Fall der Kaufhandlung: die Bewegung des Arms und der Hand zur Unterschrift.

Die Fähigkeiten des motorischen Systems der Informationsverarbeitung haben sich im Laufe der menschlichen Entwicklung stetig erweitert. Auch hier können Kleinkinder wieder als Beispiel zur Veranschaulichung herangezogen werden. Bei Kleinkindern entwickelt sich zunächst der Hirnstamm. Der Hirnstamm ist der unterste und älteste Teil des Gehirns. Die Verhaltensweisen von Kleinkindern werden daher im Hauptsächlichen durch den Hirnstamm und das Rückenmark gesteuert. Die von diesem Teil des Gehirns gesteuerten Bewegungen werden unmittelbar durch Reize ausgelöst. Berührt man beispielsweise den Mund eines Babys, wird spontan ein Suchverhalten ausgelöst, dass erst endet, wenn der Nahrungsspender – die Brust oder die Flasche – gefunden wird. Die in erster Linie vom Hirnstamm gesteuerten Bewegungen können als „reaktive Bewegungen" bezeichnet werden.

Solche reaktiven Bewegungen finden sich auch bei Erwachsenen wieder. Das plötzliche Geräusch in der Nacht lässt Sie aufschrecken und von einer Liege- in eine Sitzposition wechseln. Erst nachdem diese Bewegung erfolgt ist, wird Ihnen bewusst – im kognitiven System der Informationsverarbeitung –, dass etwas nicht stimmt. Sie haben reaktiv Ihre Position gewechselt. Solche reaktiven Bewegungen sind dadurch gekennzeichnet, dass zunächst keine kognitiven Zentren des Gehirns an der Bewegung beteiligt sind, sondern erst im Nachgang aktiv werden. Diese Form der Bewegungsabläufe spielt im Verkauf eher eine untergeordnete Rolle.

Viel wichtiger sind die „programmierten und kognitiv kontrollierten Bewegungsabläufe". An die Entwicklungsstufe der reaktiven Bewegungsabläufe schließen sich die „programmierten Bewegungsabläufe" an. Nach der vollständigen Entwicklung des Gehirns – also dann, wenn auch das kognitive System der Informationsverarbeitung entwickelt ist – können beim Menschen auch „kognitiv kontrollierte Bewegungsabläufe" beobachtet werden. Ein solcher kognitiv kontrollierter Bewegungsablauf wäre dann beispielsweise ein Unterschreiben auf dem Antrag. Es handelt sich bei kognitiv gesteuerten Bewegungen um Bewegungen, die ausschließlich unter kognitiver Kontrolle stehen.

Die mittlere Stufe der Bewegungsabläufe die „programmierten Bewegungsabläufe" bilden das Bindeglied zwischen den reaktiven und kognitiv kontrollierten Bewegungsabläufen. Die programmierten Bewegungsabläufe sind wesentlich komplexer als die reaktiven Bewegungsabläufe. Reaktive Bewegungsabläufe erfolgen in der Regel plötzlich und werden durch einen unmittelbaren Reiz, wie das plötzliche Geräusch in der Nacht, ausgelöst. Die programmierten Bewegungsabläufe hingegen sind wesentlich komplexer und schematisch – sie spielen sich immer wieder nach einem bestimmten Muster ab. Einen solchen programmierten Bewegungsablauf kennt jeder, der schon längere Zeit Auto fährt. Schon fast im Unterbewusstsein wird der Schlüssel umgedreht, der Gang eingelegt und losgefahren, ohne dass bewusst darüber nachgedacht wird. Ganz im Gegenteil, schon während des Drehens des Zündschlüssels ist man in der Regel mit den Gedanken schon ganz woanders – und dennoch kann man das Auto steuern. Das Autofahren – Kuppeln, Schalten, Bremsen und Lenken – erfolgt fast wie von Geisterhand. Ein programmierter Bewegungsablauf.

Gleiches gilt für Einkäufe. Auch Sie haben für bestimmte Produkte wie Lebensmittel oder Kleidung gewohnheitsmäßige „erste Adressen", wo Sie Ihren Bedarf decken. In der Regel werden Sie bestimmte Einkäufe immer in den gleichen Läden tätigen. Das Ansteuern dieser Läden läuft vollständig oder fast vollständig außerhalb des Bewusstseins ab. Diese gewohnheitsmäßigen Einkäufe können aber bewusst verändert werden und sind auch aus bewusst gelenkten Tätigkeiten entstanden.[19] Sie haben beim ersten Einkauf bewusst entschieden, ein bestimmtes Geschäft für Ihre Bedürfnisbefriedigung aufzusuchen. Dann haben Sie festgestellt, dass in diesem Geschäft stetig wiederkehrende Bedürfnisse befriedigt werden und deshalb gehen Sie nun immer dort hin. Ein programmierter Bewegungsablauf hat sich eingestellt.

Nun sind Sie als Verkaufsmagier für Versicherungen und Finanzdienstleistungen für den wirtschaftlichen Erfolg Ihres Geschäftes – also Ihrer Agentur – verantwortlich. Wenn Sie einen Kunden das erste Mal beraten, wird seine Kaufentscheidung unter kognitiver Kontrolle stehen. Im letzten Kapitel haben Sie gelernt, dass im Zauberkessel des Kunden stetig eine Bewertung nach der Kaufentscheidung erfolgt. Sie müssen daher alles tun, dass eine solche Bewertung im Nachgang der Kaufentscheidung positiv ausfällt. Hintergrund ist, dass dieser Kunde künftig bei einem Bedarf von Versicherungen und Finanzdienstleistungen „programmiert" Ihre Agentur aufsucht bzw. Ihre Telefonnummer wählt. Daraus ergibt sich die zehnte Grundregel für Verkaufsmagier:

> **Zehnte Grundregel des Verkaufsmagiers**
>
> Jeder Erstbesuch bei einem Kunden ist ein Besuch bei einem künftigen langjährigen Stammkunden.

Nicht immer kann jedoch bei einem zufriedenen Kunden davon ausgegangen werden, dass bereits ein Abschluss ausreicht, um eine entsprechende „Programmierung" zu generieren. Hierzu sind gegebenenfalls mehrere Anläufe notwendig. Die Erfahrung zeigt, dass viele Verkäufer von Versicherungen und Finanzdienstleistungen nach erfolgtem Abschluss scheinbar fluchtartig den Ort des Geschehens verlassen, um einer möglichen Umentscheidung des Kunden zu entfliehen und um sich über die gerade erhaltene Unterschrift zu freuen. Das ist aber genau der falsche Weg. Ihr Kunde hat Ihnen gerade sein Vertrauen geschenkt. Nutzen Sie diese doch positive Atmosphäre, um Ihren Kunden auf weitere Produkte in Ihrem Portfolio anzusprechen. Sie haben dann auch immer wieder einen Grund zu einem späteren Zeitpunkt mit Ihrem Kunden in Kontakt zu treten. Es ist bei einer nächsten Terminvereinbarung immer leichter, sich auf ein vorangegangenes Gespräch zu beziehen, als quasi wieder „kalt" anzurufen. Daraus ergibt sich die elfte Grundregel für Verkaufsmagier:

> **Elfte Grundregel des Verkaufsmagiers**
>
> Verlassen Sie einen Kunden nie ohne einen Grund ihn wieder zu kontaktieren.

Um künftig „programmierte" Einkäufe von Versicherungen und Finanzdienstleistungen bei Ihren Kunden herbeizuzaubern, müssen Sie zusätzlich wissen, welche Formen von Kaufentscheidungen es gibt und welche Urzutaten im Zauberkessel dabei ihren Geschmack entfalten.

Zusammenfassung

Die Ursuppe im Gehirn des Kunden – der Zauberkessel – besteht aus verschiedenen Urzutaten:

– der emotiven Informationsverarbeitung mit den Grundgewürzen:

  – Aktivierung,
  – Emotionen,
  – Motive,

– der kognitiven Informationsverarbeitung und
– der motorischen Informationsverarbeitung.

Aufgrund der in der Zusammenfassung genannten Mischung der Ursuppe ergeben sich bereits im Vorfeld eines jeden Verkaufsgesprächs **die 11 Grundregeln für jeden Verkaufsmagier**, die unbedingt eingehalten werden müssen.

Die 11 Grundregeln des Verkaufsmagiers

1. Versuchen Sie bei der Terminierung eines Verkaufsgesprächs, einen Termin in den Zeitraum des Tagesablaufs Ihres Kunden zu legen, wenn seine Aktivierungsflamme aus Ihrer Sicht aufgedreht sein sollte.

2. Geben Sie Ihrem Kunden nur die Informationen, die für ihn wichtig sind.

3. Beachten Sie immer, dass Ihr Kunde alles was er von Ihnen wahrnimmt unbewusst positiv oder negativ einfärbt.

4. Seien Sie immer gepflegt, entsprechend gekleidet und sympathisch.

5. Führen Sie eine Bedürfnisanalyse durch und finden Sie heraus, welcher Mangelzustand Ihren Kunden antreibt.

6. Stellen Sie Ihre Produkte immer so einfach wie möglich dar.

7. Stellen Sie sicher, dass das Verkaufsgespräch in einer ruhigen Atmosphäre stattfindet, so dass Ihr Kunde nicht abgelenkt werden kann.

8. Stellen Sie sicher, dass alle Entscheider im Verkaufsgespräch zugegen sind.

9. Verkaufen Sie nur Produkte, die im Leistungsfall auch die Versprechen, die Sie Ihrem Kunden nach bestem Wissen und Gewissen gegeben haben, halten.

10. Jeder Erstbesuch bei einem Kunden ist ein Besuch bei einem künftigen langjährigen Stammkunden.

11. Verlassen Sie einen Kunden nie ohne einen Grund ihn wieder zu kontaktieren.

2.2 Die Wirkung der Urzutaten auf Kaufentscheidungen

Grundsätzlich können drei Formen von Kaufentscheidungen unterschieden werden:

- Extensive Kaufentscheidungen
- Impulsive Kaufentscheidung
- Habitualisierte Kaufentscheidungen

2.2.1 Extensive Kaufentscheidungen – die langwierige Unterschrift

Extensive Kaufentscheidungen sind Kaufentscheidungen, bei denen der Kunde ein Risiko eingeht, beziehungsweise Kaufentscheidungen, die mit einer erheblichen ökonomischen Bedeutung einhergehen. Auch findet man sie bei für den Kunden neuen Produkten. Extensive Kaufentscheidungen sind langwierige Kaufentscheidungen. Beispiele im Bereich der Versicherungen und Finanzdienstleistungen sind der Kauf einer Immobilie und die damit einhergehende Finanzierung, der Abschluss einer Rentenversicherung für die Altersvorsorge, jede Form der langfristigen Geldanlage oder auch die Entscheidung, von der gesetzlichen Krankenversicherung in die private Krankenversicherung zu wechseln. Im Vordergrund solcher Entscheidungen steht die Urzutat der kognitiven Informationsverarbeitung. Der Kunde holt vor seiner Entscheidung viele Informationen ein und wägt diese sorgfältig in seinem Bewusstsein ab.

Hintergrund einer solchen langwierigen Kaufentscheidung ist neben der hohen ökonomischen Bedeutung und einem gefühlten Risiko, das der Kunde eingeht, auch oftmals die hohe Komplexität, die mit dem zu kaufenden Produkt einhergeht. Für Sie bedeutet das, dass Sie komplexe Zusammenhänge einfach und sachlich darstellen müssen. Die im letzten Teil des Buches vorgestellten Verkaufsrezepte sind darauf ausgerichtet. Sie beschleunigen so extensive Kaufentscheidungen.

2.2.2 Impulsive Kaufentscheidungen – die spontane Unterschrift

Impulsive Kaufentscheidungen findet man bei Produkten mit einer ausgeprägten emotionalen Ladung, die häufig eine geringe ökonomische Bedeutung haben und spontan erfolgen. Hier kommt die Urzutat der emotiven Informationsverarbeitung geschmacklich zum Vorschein. Solche Kaufentscheidungen eröffnen Ihnen als Verkaufsmagier die Möglichkeit zum Cross-Selling. Insbesondere das Cross-Selling ist beim Verkauf von Versicherungen und Finanzdienstleistungen von besonderer Bedeutung. Ihr Ziel sollte es immer sein, Ihren Kunden vollumfänglich zu beraten. Hierzu zählen selbstverständlich auch Produkte, die aus Sicht eines Verkaufsmagiers auf den ersten Blick vielleicht nicht so ertragreich erscheinen. Der Verkauf einer Reisekrankenversicherung wird sicherlich nicht zu einem erheblichen Mehrumsatz führen. Dieses Produkt kann jedoch relativ einfach und schnell im Rahmen eines Beratungsgesprächs zu einer anderen Thematik platziert werden, wenn Ihnen Ihr Kunde nebenbei erzählt, dass er eine längere Reise plant. Allein der Gedanke an einen Krankenhausaufenthalt in fernen Ländern löst negative Emotionen aus, die mit einem vergleichsweise günstigen Beitrag – also ohne ökonomische Bedeutung – weggezaubert werden können. Ein solches nebenbei verkauftes Produkt wie die Reisekrankenversicherung kann von Ihnen dann wiederum einfach für den Übergang beispielsweise zur Unfallversicherung genutzt werden. So haben Sie das ertragsschwache Produkt um ein ertragreiches Produkt ergänzt.

2.2.3 Habitualisierte Kaufentscheidungen – warum Ihr Kunde nur noch bei Ihnen unterschreibt

Habitualisierte Kaufentscheidungen werden bei bekannten Produkten und bei Produkten mit einem geringen ökonomischen Risiko getroffen. Diese Kaufentscheidungen erfolgen „programmiert" und beinhalten programmierte Bewegungsabläufe. Das beste Beispiel für eine habitualisierte Kaufentscheidung und einem damit einhergehenden programmierten Bewegungsablauf im Bereich der Versicherungen und Finanzdienstleistungen ist die Kfz-Haftpflichtversicherung. Als Halter eines Kfz ist der Abschluss einer solchen Versicherung verpflichtend, so dass ein solches Versicherungsprodukt gekauft werden muss. Wenn Sie sich nun bereits als Berater für Versicherungen und Finanzdienstleistungen etabliert haben, also den Kunden bereits verzaubert haben, können Sie sicher sein, dass Ihr Kunde „programmiert" die Anfrage der Versicherungsbestätigung bei Ihnen platziert. Die Versicherungsbestätigung ist notwendig, damit das Kfz angemeldet werden kann. Hier entfaltet die Urzutat der motorischen Informationsverarbeitung ihren Geschmack – in Form der Wahl Ihrer Telefonnummer.[20]

Die zehnte Grundregel des Verkaufsmagiers „Jeder Erstbesuch bei einem Kunden ist ein Besuch bei einem künftigen langjährigen Stammkunden" ist der Motor Ihrer Agentur. Nur unter Beachtung dieser Regel können Sie den Vertragsbestand und damit den Umsatz Ihrer Agentur stetig erhöhen. Damit diese Grundregel aber auch ihre gewünschte Wirkung entfaltet, muss Ihr Kunde so verzaubert werden, dass er „programmiert" immer Ihre Nummer bei einem Bedarf von Versicherungen und Finanzdienstleistungen wählt, also eine Habitualisierung erfolgt. Der Zweck einer Beratung des Kunden sollte daher der Abschluss einerseits und die langjährige Kundenbindung andererseits sein. Beim ersten Beratungsgespräch mit einem Kunden müssen Sie demnach eine extensive Kaufentscheidung herbeizaubern, die künftig bei Folgegesprächen habitualisierte Kaufentscheidungen auslöst. Der Weg von extensiven Kaufentscheidungen zu habitualisierten Kaufentscheidungen kann gut mit dem Prozess der Informationsverarbeitung beschrieben werden. Bei extensiven Kaufentscheidungen erfolgt die Informationsverarbeitung langsam. Die von Ihnen gegebenen Informationen werden im Zauberkessel des Kunden sorgfältig abgewägt und überprüft. Bei habitualisierten Kaufentscheidungen erfolgt die Informationsverarbeitung schnell, so dass der Kauf auch schneller entschieden wird.[21]

2.3 Die Hilfsmittel – „Man nehme..."

Ziel der im letzten Teil des Buches vorgestellten Verkaufsrezepte ist es, durch ihre Art der Gestaltung eine schnelle Informationsverarbeitung möglich zu machen, so dass die Entscheidung schneller getroffen wird und schon beim ersten Beratungsgespräch eine Habitualisierung eintreten kann. Doch bevor Sie diese lesen können, brauchen Sie noch Informationen zu den Hilfsmitteln, die Sie für die Würzung der Ursuppe Ihres Kunden zum Geschmack „Kaufen" benötigen. Diese Hilfsmittel sind die Zaubersprüche, Ihr Zauberstab und Eye-Catcher.

2.3.1 Zaubersprüche

Die Zaubersprüche, die Sie Ihrem Kunden gegenüber aussprechen, sind die entscheidenden Hilfsmittel, um Ihren Kunden in Richtung „Kauf" zu verzaubern. Insgesamt 45 Prozent des Gesamteindrucks, den Ihr Kunde von Ihnen bekommt, ist abhängig von dem Gesagten und wie es gesagt wird.[22] Bei den Zaubersprüchen kommt es also einmal auf den Inhalt des Gesagten und zum anderen auf die Art und Weise an, wie es gesagt wird. Die in Kapitel 4 des Buches genannten Zaubersprüche sind so aufgebaut, dass sie inhaltlich einfach und sinnhaft sind. Hintergrund ist die Tatsache, dass Ihr Kunde sinnhafte Informationen besser verarbeitet als sinnlose. Dies wird deutlich, wenn Sie die folgenden zwei Sätze lesen:

1. Auf Katze Garten die der Bank im liegt.
2. Die Katze liegt auf der Bank im Garten.

Der erste sinnlose Satz wird schlechter behalten, als der sinnvolle zweite Satz.[23] Neben den inhaltlichen Elementen der Zaubersprüche ist aber auch die Form der Vermittlung durch Sie als Verkaufsmagier wichtig. Ihre Stimme ist dabei das Grundelement, welches die Wirkung der Zaubersprüche entscheidend beeinflussen kann. Die Stimme umfasst die vokalen Kommunikationselemente. Vokale Elemente der Kommunikation sind der Tonfall und die Sprechgeschwindigkeit. Während ein lauter Stil im Tonfall der Stimme Dominanzgefühle vermittelt, werden durch einen sanften Tonfall Gefühle der Unterordnung oder der Unterlegenheit suggeriert. Eine mittlere Lautstärke führt zu einer starken Überzeugungskraft. Geringe Überzeugungskraft hingegen hat die verbale Kommunikation bei niedriger bzw. hoher Lautstärke.

Die folgende Abbildung verdeutlicht die Wirkung des Tonfalls, die Sie als Verkaufsmagier bei Ihren Kunden erzielen. Beachten Sie daher immer die

Wirkung der Lautstärke Ihrer Stimme und setzen Sie diese gezielt ein, um die entsprechenden Akzente zu setzen.

Abbildung 2.6 Wirkung der Stimmlautstärke, Quelle: Prack (2010), S. 168

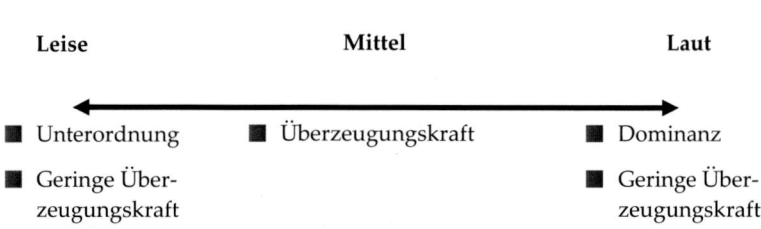

Ebenso steuert das Sprechtempo die Persönlichkeitswahrnehmung, die Ihr Kunde von Ihnen hat.

Abbildung 2.7 Wirkung des Sprechtempos, Quelle: Prack (2010), S. 169

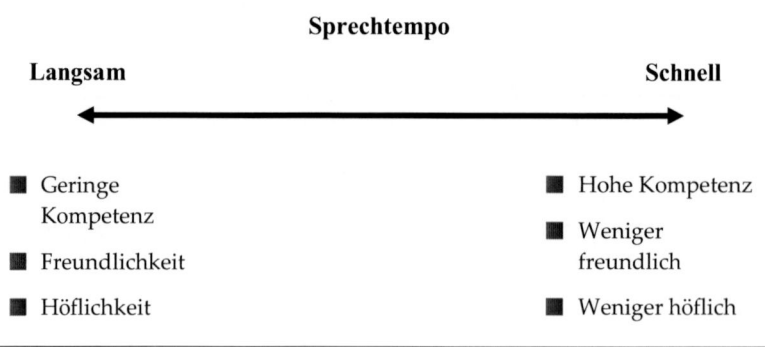

Nutzen Sie auch das Wissen um die Wirkung des Sprechtempos und setzen Sie dieses gezielt ein, wenn Sie die entsprechenden Wirkungen herbeizaubern möchten.

2.3.2 Der Zauberstab

Ein weiteres wichtiges Hilfsmittel eines Verkaufsmagiers ist sein Zauberstab. Der Zauberstab eines Verkäufers ist sein Stift. Die Vermittlung der Zauberformeln erfolgt im Verkaufsgespräch immer auf der Tonspur – also mit Ihrer Stimme, kann aber gegebenenfalls auch zusätzlich mit Hilfe eines Stiftes erfolgen. Diese Form des Verkaufs entspricht der Methode des Pencil-Sellings. Diese sollte immer dann zum Einsatz kommen, wenn es sich um komplexe, für den Kunden auf den ersten Blick nicht greifbare oder abstrakte Produkte handelt. Versicherungen und Finanzdienstleistungen sind in der Regel solche Produkte.

Als Verkaufsmagier können Sie so – in Form der Zaubersprüche – Argumente formulieren und diese auf unterschiedliche Art und Weise in Verkaufsgesprächen wirksam visualisieren. Diese Visualisierungen können Sie dem Kunden nach dem Verkaufsgespräch mit auf den Weg geben. Daneben aktivieren selbst erstellte Zeichnungen Ihren Kunden, wenn sie direkt vor seinen Augen entstehen. Der Zauberstab ist damit das entscheidende Hilfsmittel, um die Aktivierungsflamme unter dem Zauberkessel Ihres Kunden zu entzünden. Aktivierung ist die Voraussetzung für eine positive Vermittlung von Informationen. Gleichzeitig werden die Informationen klar und übersichtlich dargestellt, so dass der Entscheidungsprozess dadurch merklich beschleunigt wird. Der Weg für die Habitualisierung der Kaufentscheidung wird so geebnet.

Als Verkäufer für Versicherungen und Finanzdienstleistungen bewegen Sie sich auf einem gesättigten Markt. Dieser gesättigte Markt ist dadurch gekennzeichnet, dass in der Regel alle Menschen beziehungsweise potenzielle Kunden bereits Kontakt zu einem Verkäufer in Ihrer Branche hatten. Durch den gezielten Einsatz der in den nächsten Kapiteln vorgestellten Zaubersprüche gegebenenfalls in Kombination mit dem Zauberstab, verschaffen Sie sich so erhebliche Wettbewerbsvorteile. Ihre Kunden werden dadurch nicht nur stärker aktiviert und damit stärker in das Verkaufsgespräch eingebunden, sondern Ihre Produkte lassen sich darüber hinaus auch besser und rascher positionieren.

Visuelle Darstellungen mit Hilfe des Zauberstabs sind bei Ihren Kunden heiß begehrt. Häufig werden die Kunden Sie fragen: „Darf ich mir diese Zeichnung mitnehmen?" Eine solche Reaktion neben dem Kauf wird Ihnen zeigen, dass Sie mit der Methode des Pencil-Sellings erfolgreich sind. Auch zeigt die Erfahrung, dass komplexe fachliche Inhalte dank der visuellen Unterstützung durch Pencil-Selling in einem zwei- bis vierfach kürzeren Zeitaufwand verständlich vermittelt werden können. Dadurch wird die Aktivierungsflamme unter dem Zauberkessel des Kunden aufgedreht und der Kunde verstärkt in das Verkaufsgespräch einbezogen. Sie werden häufig feststellen, dass sich ein Kunde aktiv an der Visualisierung beteiligt. In solchen Fällen kann von einer echten Partnerschaft zwischen Ihnen und Ihrem Kunden gesprochen werden.[24]

2.3.3 Eye-Catcher

Die Anwendung der Hilfsmittel „Zaubersprüche" und „Zauberstab" setzt voraus, dass Sie mit einem Kunden bereits über eine bestimmte Versicherung oder Finanzdienstleistung reden bzw. Ihr Kunde mit Ihnen zu einem dieser Themen bereits einen Termin vereinbart hat. Ihr Unternehmen – also Ihre Agentur – wird aber nur dann einen richtigen Erfolg generieren, wenn Ihr Kunde neben den in diesem Verkaufsgespräch besprochenen Versicherungen und Finanzdienstleistungen auch andere Dienstleistungen bei Ihnen einkauft. Damit ist das wichtige **Cross-Selling** gemeint.

Cross-Selling ist die Kunst, einem Kunden verschiedene Versicherungen und Finanzdienstleistungen der eigenen Produktpalette zu verkaufen. Diese dann ebenfalls angebotenen Produkte müssen dabei nicht direkt mit dem vom Kunden ursprünglich nachgefragten Produkt zusammenhängen. Ihnen als Unternehmer sollte es vielmehr um eine ganzheitliche Verkaufsstrategie gehen, die den umfassenden Bedarf des Kunden erfasst und so weit wie möglich mit Ihren Leistungen abdeckt. Häufig fällt es Verkäufern jedoch schwer, eine Kfz-Versicherung anzusprechen, wenn das Verkaufsgespräch gerade die Sparte der Lebensversicherung betrifft. Sie erinnern sich an die elfte Grundregel für Verkaufsmagier: **„Verlassen Sie einen Kunden nie ohne einen Grund ihn wieder zu kontaktieren."**

Die Hilfsmittel — „Man nehme…"

Es ist also Ihre Aufgabe, Mittel und Wege zu finden, die Aufmerksamkeit Ihres Kunden auch auf Ihre anderen Produkte zu lenken, ohne dass das ursprüngliche Verkaufsgespräch an Aufmerksamkeit verliert. Es geht dabei darum, schon während oder im Anschluss eines Verkaufsgesprächs weitere Aktivierungsflammen zu entfachen. Diese etwas kleinere Aktivierungsflamme lässt sich mit dem Wirkungsstufenmodell der AIDA-Formel erklären.

Die AIDA-Formel wurde in der Wissenschaft zwischenzeitlich stark differenziert, ist aber an dieser Stelle durchaus geeignet, Ihnen die Möglichkeit aufzuzeigen, mit kleinen Mitteln auf andere Produkte hinzuweisen. Die AIDA-Formel besagt, dass zunächst die Aufmerksamkeit des Kunden erzielt wird, diese Aufmerksamkeit ein Interesse nach sich zieht und ein Wunsch nach Information geäußert wird.[25]

Die folgende Abbildung verdeutlicht nochmals diese einzelnen Stufen der AIDA-Formel.

Abbildung 2.8 AIDA-Formel, Quelle: In Anlehnung an Meffert (2000), S. 697

- **A**ttention — Aufmerksamkeit
- **I**nterest — Interesse
- **D**esire — Wunsch nach Information
- **A**ction — Äußerung des Wunsches

Die Möglichkeiten für Sie, Ihren Kunden vor, während oder nach einem Verkaufsgespräch kommunikativ auf ein anderes Produkt zu lenken, sind unerschöpflich. Der erste Schritt der AIDA-Formel ist der Schwierigste. Ist Ihr Kunde jedoch erst einmal aufmerksam geworden, stellen sich alle anderen Schritte der AIDA-Formel automatisch ein. Machen Sie es sich einfach! Beispielsweise können Sie Prospekte und Broschüren anderer Produkte oder andere „anfassbare" Gegenstände nutzen, die schon während des ursprünglichen Verkaufsgesprächs auf andere Produkte hindeuten, um die Aufmerksamkeit des Kunden zu entflammen.[26] Solche Eye-Catcher helfen

Ihnen auf einfache Weise, Cross-Selling zu betreiben. Die Abbildungen 9 und 10 zeigen mögliche Eye-Catcher, die die Aufmerksamkeit eines Kunden auslösen können.

Stellen Sie sich vor, Sie befinden sich mit Ihrem Kunden in einem Verkaufsgespräch zum Thema Riester-Rente und wollen den Kunden später auf die Vorzüge einer privaten Unfallversicherung hinweisen. Schon während Sie beim Kunden Ihr Notebook und weitere Unterlagen auf dem Tisch des Kunden platzieren, legen Sie etwas abseits den Eye-Catcher aus **Abbildung 2.9** in Sichtweite des Kunden. Sie werden bemerken, dass Ihr Kunde im Laufe des Gesprächs immer wieder auf den Eye-Catcher schauen wird. Entweder fragt er nach einer Weile nach und die letzte Stufe der AIDA-Formel wird beschritten, oder Sie können ihn gezielt auf das von Ihnen beobachtete Verhalten ansprechen und diesen letzten Schritt selber anstoßen. Wie Sie auf die Frage des Kunden reagieren, bleibt an dieser Stelle Ihnen überlassen. Grundsätzlich sollten Sie jedoch weiter mit der Riester-Rente fortfahren. Am Ende des Gesprächs haben Sie aber nun immer einen Anhaltspunkt wieder auf den Gesprächsverlauf im Zusammenhang mit diesem Eye-Catcher zurückzukommen. Schon haben Sie die Brücke zwischen Riester-Rente und Unfallversicherung geschlagen!

Abbildung 2.9   Eye-Catcher Unfallversicherung

Ihre Unfallversicherung fängt Sie auf,

wenn Ihnen etwas passiert!

Ein anderes Beispiel für einen Eye-Catcher ist die „Schere" aus **Abbildung 2.10**. Mit diesem Eye-Catcher haben Sie die Möglichkeit – unabhängig davon, welches Thema Sie gerade mit Ihrem Kunden besprechen – sowohl zur Altersvorsorge als auch zum Thema Baufinanzierung zu einem späteren Zeitpunkt überzuleiten.

Die hier gezeigten Eye-Catcher dürfen Sie als Anregungen verstehen. Diese können Sie selber am Computer erstellen und als zusätzliche Verkaufsunterlage ausdrucken. Hier wäre ein Farbausdruck empfehlenswert.

Abbildung 2.10 Eye-Catcher Rente/Finanzierung

Neben diesen Eye-Catchern gibt es noch andere Möglichkeiten, das Cross-Selling und damit den Erfolg Ihrer Agentur voranzutreiben. Weitere detailliertere Ansätze finden Sie in dem Kapitel 4.4. „Der Meistermagier".

Doch bevor wir Ihnen konkrete Verkaufsrezepte präsentieren, wie Sie Ihren Kunden in Richtung „Kaufen" zaubern können, ist es unabdingbar, dass Sie die Grundsätze guter Verkaufsmagier verinnerlichen.

3 Weiße Magie – die Grundsätze guter Verkaufsmagier

Nachdem Sie nun alles Grundsätzliche für den Verkauf von Versicherungen und Finanzdienstleistungen wissen und die 11 Grundregeln für Verkaufsmagier verinnerlicht haben, werden Ihnen nun im zweiten Teil des Buches konkrete Beispiele für Verkaufsgespräche in Form von Verkaufsrezepten an die Hand gegeben, die das bisher Gelernte berücksichtigen. Dabei handelt es sich um Beispiele, die in der Praxis von erfolgreichen Verkäufern angewendet werden. Sie werden zunächst Verkaufsrezepte für die Sachversicherungen und im Weiteren dann für die Personenversicherungen vermittelt bekommen. Diese Kapitel sind unterteilt in die einzelnen Produkte dieser Sparten.

Auf Folgendes möchten wir Sie jedoch noch vorab aufmerksam machen:

Unsere Rezepte sind dafür konzipiert, dem Kunden die Produkte und deren Vorteile möglichst einfach und verständlich zu erläutern. Viele Kunden kaufen nicht, weil sie den Nutzen der angebotenen Versicherung oder Finanzdienstleitung für sich nicht verstanden haben. Bei neuen Produkten sollten Sie sich also immer in die Lage des Kunden versetzen und sich fragen: „Was ist das?", „Was bringt mir das?" und „Was kostet mich das?". Ein Kunde kauft nur dann, wenn ihm sein persönlicher Nutzen des angebotenen Produkts bewusst ist und wenn er bereit ist einen angemessenen Preis dafür zu zahlen.

Trotzdem liegt die Gefahr darin, dass diese Rezepte zum Nachteil des Kunden eingesetzt werden. Deshalb möchten wir Ihnen unsere folgenden Grundsätze näherbringen und Sie dazu auffordern sich ebenfalls daran zu halten.

Des Weiteren bitten wir Sie, den verbindlichen Wettbewerbsregeln und dem Verhaltenscodex Ihres Versicherungsunternehmens oder Ihres Vermittlerverbandes (z.B. Maklerverband) nachzukommen. Als Selbstverständlichkeit betrachten wir den Umstand, dass Sie ins Vermittlerregister Ihrer zuständigen Kammer eingetragen sind. Damit weisen Sie nach, dass Sie über die persönliche Zuverlässigkeit, geordnete Vermögensverhältnisse, eine Berufshaftpflichtversicherung und eine fachliche Qualifikation zur Vermittlung von Versicherungen und Finanzdienstleistungen verfügen.

Geben Sie Ihrem Kunden diese Information. Dies sorgt für Vertrauen und erschwert es anderen, nicht registrierten Vermittlern, mit Ihrem Kunden ins Geschäft zu kommen.

Klarheit und Wahrheit

Informieren Sie Ihren (Neu-)Kunden über Ihren Status und Ihre allgemeinen Geschäftsbedingungen, wie z.B. auf welchen Grundlagen Sie mit Ihren Kunden geschäftliche Beziehungen eingehen. Einerseits sollten Sie also darauf hinweisen, dass Sie von Ihrem Kunden Ehrlichkeit und klare Entscheidungen erwarten und andererseits, was er von Ihnen erwarten kann. Hierzu kann auch eine Selbstverpflichtung zur ständigen beruflichen Fortbildung Ihrerseits gehören.

Aufklärung

Nennen Sie auch die negativen Aspekte, insbesondere die Grenzen des von Ihnen angebotenen Produktes und wechselseitige Auswirkungen mit anderen Produkten und den Sozialversicherungen.

Steuern

Weisen Sie Ihren Kunden auf eventuelle steuerliche Aspekte – sowohl in der Beitragsphase als auch in der Leistungsphase – hin. Verdeutlichen Sie ihm aber auch, dass eine umfassende Steuerberatung nur durch einen Steuerberater erfolgen darf. Machen Sie sich also mit der Steuerthematik soweit vertraut, dass Sie ohne Zweifel darüber sprechen können. Hier kann ein großer Vorteil für Ihren Kunden in der Zusammenarbeit mit Ihnen entstehen. Um den Kunden über die steuerlichen Auswirkungen aufzuklären, ist es vonnöten auch über seine Einkünfte aus den sieben Einkunftssteuerarten sowohl heute als auch im Alter – z.B. Mieteinnahmen aus zu erbenden Immobilien – informiert zu sein.

Einhaltung von Gesetzen

Halten Sie sich grundsätzlich an die in der BRD geltenden Gesetze im Allgemeinen und insbesondere in Bezug auf die Vermittlung von Versicherungen und Finanzdienstleistungen.

Kundenpflege

Kümmern Sie sich um Ihre Kunden. Dies gilt auch, wenn es zum Beispiel um Schäden und Zahlungsschwierigkeiten geht. Jährlicher Kontakt sollte das Ziel eines jeden guten Verkaufsmagiers sein. Fragen Sie Ihren Kunden, wie er diesen Kontakt wünscht. Wenn Sie sich mit dem Kunden darauf einigen, haben Sie später weniger Probleme bei der Terminierung.

Nichts verkaufen, hinter dem man nicht steht

Verkaufen Sie grundsätzlich nur solche Produkte, die Sie selbst verstehen und auch mit gutem Gewissen Ihren Familienmitgliedern und Freunden vermitteln würden. In vielen Vertrieben werden von Zeit zu Zeit Produktoffensiven verbunden mit Bonifikationen durchgeführt. Auch wenn dies oft lukrativ ist, sollten Sie ein solches Produkt nur dem Kunden anbieten, von dem Sie überzeugt sind, dass es zu ihm passt.

Zusammengefasst erwarten wir von Ihnen, dass Sie den Abschluss nicht um jeden Preis erzwingen. Ziehen Sie Ihre Kunden also nicht über den Tisch! Verkäufer, die mit Druck oder mit Arglist verkaufen, mögen kurzfristig erfolgreicher sein, werden aber schnell und dauerhaft mit Storno zu kämpfen haben. Bedenken Sie bitte, dass Sie Ihr Unternehmen – Ihre Agentur – langfristig aufbauen wollen.

Die nun folgenden Verkaufsrezepte sind daher nur für gute Verkaufsmagier gedacht. Und nun viel Spaß mit der „weißen Magie"!

4 Die Rezeptur – verzaubernde Verkaufsgespräche

„Verzaubern Sie Ihre Kunden!"

4.1 Die Zaubersprüche für Sachversicherungen

4.1.1 Fremden Zauber aufdecken – vom guten Zauber überzeugen

Das Hab und Gut Ihrer Kunden ist einer ständigen Gefährdung ausgesetzt. Diebstahl, Feuer und andere Schäden, in denen sich die Gefahren verwirklichen können, verursachen immer wieder große Verluste.

Aber auch ein Schaden, den Ihr Kunde in einem Augenblick der Unachtsamkeit einem anderen Menschen zufügt, kann Ihren Kunden in den finanziellen Ruin stürzen. Beim Verkauf von Versicherungen und Finanzdienstleistungen geht es aber nicht nur darum, Ihren Kunden vor dem Verlust von Sachwerten und Schadenersatzverpflichtungen zu bewahren. Auch Krankheiten und Unfälle gefährden seine Gesundheit und seine Arbeitskraft. Vor diesem Hintergrund haben Sie als Verkaufsmagier für Versicherungen und Finanzdienstleistungen Ihrem Kunden gegenüber eine sehr hohe Verantwortung.

Es ist Ihre Aufgabe, sicherzustellen, dass der Schutz Ihres Kunden ringsum vorhanden ist – egal, was ihm passieren könnte. Diese gute Absicht wird häufig erst im Schadenfall von Ihrem Kunden erkannt. Gerade Verkäufern von Versicherungen und Finanzdienstleistungen wird häufig vorgeworfen, dass bei der Beratung nicht der Bedarf des Kunden im Vordergrund steht, sondern vielmehr der Verkauf und die damit einhergehende Provision.

Eine solche Grundeinstellung der Kunden macht den Verkauf von Versicherungen und Finanzdienstleistungen nicht unbedingt leicht. Bei Verkaufsgesprächen mit einem so denkenden Kunden besteht immer von Beginn an ein Misstrauen Ihnen gegenüber, während Sie Ihrem Kunden mit guten Absichten gegenübertreten. Dieses Ungleichgewicht in der Beziehung zwischen Ihnen und Ihrem Kunden können Sie durch entsprechende Verkaufsrezepte ausgleichen und Ihren Kunden so verzaubern, dass er bei Ihnen kauft.

Lieber Verkaufsmagier, bevor wir uns den Zaubersprüchen für Sachversicherungen zuwenden, machen Sie sich Folgendes bewusst:

Im Bereich der Sachversicherungen redet man in der Regel von einem nahezu gesättigten Markt. Daher werden Sie selten auf Privatkunden treffen, die noch über keine Sachversicherungen verfügen. Viele Verkäufer von Versicherungen und Finanzdienstleistungen verkaufen vor diesem Hintergrund in der Sparte der Sachversicherungen ausschließlich über den Preis. Dieses Verkaufsrezept lautet:

„Ich spare Dir Beiträge ein und deshalb kaufst Du bei mir."

Der Preis eines Produktes spielt sicherlich bei der Kaufentscheidung eine Rolle. Es ist aber auch wichtig, dass Sie Ihrem Kunden nicht nur ein günstigeres Produkt verkaufen, sondern auch, dass Ihr Kunde einen guten Versicherungsschutz erhält. Häufig ist die Erreichung beider Ziele nicht möglich, denn Leistung hat auch immer ihren Preis. Das ist vielen Kunden jedoch meistens nicht bewusst. Diese Unwissenheit und die häufige negative Grundeinstellung Verkäufern von Versicherungen und Finanzdienstleistungen gegenüber macht es erforderlich, die Magie des Verkaufens dieser Produkte besonders gut zu beherrschen.

Sie müssen die Ursuppe im Zauberkessel so würzen, dass sich die Einstellung Ihres Kunden Ihnen gegenüber stets positiv verändert. Im Kapitel „Die Gefühlszutat – wie Ihr Kunde empfindet" haben Sie gelernt, dass mit der Stärke der positiven Einstellung auch die Kaufwahrscheinlichkeit steigt. Eine positive Einstellung Ihnen gegenüber werden Sie insbesondere dann erreichen, wenn Sie „fremden Zauber" aufdecken und die Vorteile Ihres guten Zaubers herausstellen können. Sie müssen also die bestehenden Risiken mit den vorhandenen Versicherungslösungen Ihres Kunden abgleichen und mögliche Deckungslücken aufzeigen. Das können Sie nur dann, wenn Sie einerseits alle Risiken und die damit zusammenhängenden Versicherungslösungen kennen und andererseits, wenn Sie die Versicherungsunterlagen Ihres Kunden zur Durchsicht erhalten. Beide Rahmenbedingungen sind unabdingbar für eine umfassende, gute und magische Beratung.

> **Voraussetzungen für den Verkauf von Sachversicherungen**
>
> Gute Kenntnisse über Risiken und Versicherungen in der Sparte der Sachversicherungen.
>
> Das Kennen des Versicherungsordners Ihres Kunden.

Bevor Sie am Beispiel der Hausratversicherung einen Zauberspruch zur Erlangung des Kundenordners und dem anschließenden Verkauf erlernen, machen Sie zur Prüfung Ihrer Sachkenntnisse bitte die folgende Übung.

Übung

Es gibt eine enorme Bandbreite von Risiken und Sachversicherungen, an die man häufig nicht denkt und folglich im Kundengespräch nicht anspricht. Hier trennt sich die Spreu vom Weizen!

Überlegen Sie sich eine fiktive Privatperson, die nicht Kunde Ihrer Agentur ist. Stellen Sie sich nun vor, welchen Risiken diese Person ausgesetzt ist und welche Versicherungen diese Risiken abdecken. Tragen Sie diese Versicherungen in die dafür vorgesehenen Zeilen Seite ein.

Ihre Notizen

Sie sollten Ihren fiktiven Kunden nun mit möglichen Versicherungen bestückt haben. Bestenfalls sind nun alle Felder ausgefüllt.

Gleichzeitig sollten Sie sich anhand der folgenden Auflistung einiger Sachversicherungen verdeutlichen, wie groß der Fundus an Versicherungen dieser Sparte ist. Die Auflistung ist lediglich ein Ausschnitt aller privaten Sachversicherungen, sie hilft Ihnen jedoch gegebenenfalls vorhandene Versicherungslücken Ihres fiktiven Kunden zu erkennen und in den vorgesehenen Zeilen zu ergänzen.

- Gebäudeversicherung für selbst genutzte Immobilien
- Gebäudeversicherung für Ferienhaus oder Schrebergarten
- Gebäudeversicherungen für vermietetes Ein- oder Mehrfamilienhaus
- Haus- und Grundbesitzerhaftpflichtversicherung
- Öltankhaftpflichtversicherung
- Tierhalterhaftpflichtversicherung (Hund/Pferd)
- Jagdhaftpflichtversicherung
- Dienst- und Berufshaftpflichtversicherung für Angehörige des öffentlichen Dienstes
- Glasversicherung(en)
- Wassersporthaftpflichtversicherung
- Wassersportkaskoversicherung
- Musikinstrumentenversicherung
- Jagd- und Sportwaffenversicherung
- Campingversicherung
- Rechtsschutzversicherung
- Rechtsschutzversicherung für Vermieter
- Unfallversicherung mit und ohne Beitragsrückzahlung
- Freizeitversicherung z.B. für Taucherausrüstung
- Schließfachversicherung
- Tierkrankenversicherung

Sie sehen also, es gibt viele Verträge, an die man beim Thema Sachversicherung oftmals im ersten Moment gar nicht denkt. Daher raten wir Ihnen, so viele Daten wie möglich beim Kunden zu erfragen, zu sammeln und die Augen offen zu halten. Insbesondere Fotos, Einrichtungsgegenstände, Haustiere etc. sind Hinweise auf Risiken und Absicherungsbedarf, die Sie als Verkaufsmagier in Ihrem Verkaufsgespräch nutzen sollten. Sprechen Sie den von Ihnen erkannten Versicherungsbedarf dann gezielt an.

Decken Sie in diesem Zusammenhang fremden Zauber auf und ersetzen ihn durch guten. Konkret: Werben Sie Verträge von fremden Zauberern ab!

Hierzu empfehlen wir Ihnen auch die Anlage einer Wiedervorlagemappe in elektronischer Form oder in Papierform. Bei Sachversicherungen sollten Sie spätestens sechs Monate vor Ablauf mit Ihrem Kunden in Kontakt treten. Nutzen Sie dann das Ihnen entgegengebrachte Vertrauen und platzieren Sie noch nicht vorhandene, notwendige Verträge.

Um Ihnen das Geschäftspotenzial der Sachversicherungen noch einmal zu verdeutlichen, hier ein paar Zahlen. Die Schaden- und Unfallversicherung umfasste im Jahr 2009 ca. 288 Millionen Verträge mit einem Beitragsvolumen von ca. 54,7 Milliarden Euro.[27] Es sollte daher Ihr Bestreben sein, Ihren Anteil dieses Kuchens zu sichern. Daher nun das erste Verkaufsrezept zur Erlangung des Kundenordners am Beispiel der Hausratversicherung.

Fachinfo	
§ 74 VVG: Überversicherung/ Bereicherungsverbot	Die Versicherungssumme einer oder mehrerer Hausratversicherungen darf den (Neu-)Wert des Inventars des Versicherungsnehmers nicht übersteigen. Im Falle der Überversicherung wird die Leistung auf den tatsächlichen (Neu-)Wert gekürzt.
§ 77 ff. VVG: Mehrfachversicherung	„Wer bei mehreren Versicherern ein Interesse gegen dieselbe Gefahr versichert, ist verpflichtet, jedem Versicherer die andere Versicherung unverzüglich mitzuteilen. In der Mitteilung sind der andere Versicherer und die Versicherungssumme anzugeben." (§ 77 Abs. 1 VVG)

Bei der folgenden Rezeptur lesen Sie am Beispiel der Hausratversicherung, wie Sie Einsicht in den Versicherungsordner des Kunden erhalten und sowohl Lücken im Versicherungsschutz sofort schließen, als auch den Grundstein legen, den Kunden davon zu überzeugen in Zukunft nur noch mit Ihnen zu sprechen. Das Rezept lässt sich aber mühelos auf andere Produkte übertragen.

Rezeptur „Fremden Zauber aufdecken – vom guten Zauber überzeugen"

Wirkung: Einsicht in den Versicherungsordner des Kunden erhalten und Verträge umdecken.

Zutaten:

- die 11 Grundregeln für Verkaufsmagier

- Zauberspruch

- Zauberstab

Der Zauberspruch kann beginnen:

 *„Herr Ast, wo haben Sie eigentlich Ihre (Hausrat-) Versicherung?"*

Die Zaubersprüche für Sachversicherungen

Hier gibt es nun zwei Möglichkeiten:

1. Herr Ast: *„Habe ich bei der Pfefferminzia!"*

oder

2. Herr Ast: *„Habe ich nicht!"*

Zu Möglichkeit 1:

Wie decken Sie nun fremden Zauber auf – wie kommen Sie an den Ordner?

„Herr Ast, gut, dass Sie diese wichtige Vorsorge schon für sich getroffen haben! Wann haben Sie eigentlich das letzte Mal das Kleingedruckte in Ihrer Versicherungspolice gelesen?"

Anmerkung: In der Regel haben die Kunden die Bedingungen noch nie gelesen. Sollte Ihr Kunde Ihnen angeben, dass er die Bedingungen erst vor zwei Wochen als Bettlektüre gelesen hat, so können Sie auch noch tiefer in die Materie einsteigen und entsprechende Fragen stellen, von denen Sie überzeugt sind, dass das von Ihnen angebotene Produkt das Bessere ist / sein könnte.

Herr Ast: *„Noch nie! Wann soll man denn das alles lesen / Vor fünf Jahren! / Bei Abschluss!"*

„Sehen Sie Herr Ast, bei der (Hausrat-)Versicherung ist es so wie bei einem VW Golf. Da gibt es den Golf I, den Golf II und inzwischen sind wir beim Golf VI. Auch (Hausrat-) Versicherungen werden ständig weiterentwickelt. Das

heißt konkret, dass sich die Versicherungsbedingungen ändern. Holen Sie doch mal Ihren Versicherungsordner heraus, dann schauen wir mal gemeinsam, ob Sie einen Golf I oder einen Golf VI fahren!"

In der Regel werden Sie nun den Versicherungsordner des Kunden auf den Tisch bekommen. Sollte dennoch Ihr Kunde noch nicht ganz überzeugt sein, den Versicherungsordner zu offenbaren, müssen Sie hier noch einmal ansetzen.

„Herr Ast, als Autofahrer überprüft der TÜV ja auch regelmäßig die Verkehrssicherheit Ihres Autos. Bei Versicherungen sollte das nicht anders sein. Auch hier geht es um Ihre Sicherheit. Halten Sie denn die regelmäßige Überprüfung der Autos durch den TÜV für sinnvoll, um die Sicherheit im Straßenverkehr zu steigern?"

Herr Ast: *„Ja. Das ist sicherlich eine sinnvolle Regelung."*

„Genauso machen wir das jetzt mit Ihren Versicherungen. Und hier geht es insbesondere um Ihre Sicherheit."

Spätestens jetzt sollten Sie den Versicherungsordner des Kunden einsehen können. Überprüfen Sie als erstes die (Hausrat)-Versicherung. Nun kommt es auf Ihr Fach- und Produktwissen an. Es liegt jetzt an Ihnen, den fremden Zauber aufzudecken und bessere „gute" Lösungen aufzuzeigen. Sie arbeiten in diesem Moment die Unterschiede zwischen den Versicherungsbedingungen Ihres Unternehmens und denen des Mitbewerbers heraus. Nachdem Ihr Kunde seinen persönlichen Mehrwert durch Ihre gute Beratung erkannt hat, wird er Sie nach einem Gegenangebot fragen.

Die Zaubersprüche für Sachversicherungen

Da wir uns am Beispiel der Hausratversicherung orientieren, beachten Sie bitte an dieser Stelle den nachfolgenden Hinweis zur Ermittlung der Versicherungssumme.

Ermittlung der Versicherungssumme

Gemäß Klausel 7712 der Verbundenen Hausratbedingungen (VHB) kann im Rahmen der Hausratversicherung ein Unterversicherungsverzicht vereinbart werden. Voraussetzung für den Unterversicherungsverzicht (UVV) ist, dass pro qm Wohnfläche mindestens eine bestimmte Versicherungssumme vereinbart wird.

Bei vielen Versicherern beträgt dieser Wert zwischen 600 € bis 650 €. Die Vereinbarung des Unterversicherungsverzichts besagt, dass im Schadenfall auf die Anrechnung einer eventuell bestehenden Unterversicherung verzichtet wird. Das bedeutet, dass der Versicherungsnehmer einen versicherten Schaden bis zur Höhe der Versicherungssumme zuzüglich 10 Prozent Vorsorge ohne Kürzung ersetzt bekommt. Ist der tatsächliche Wert aller Einrichtungsgegenstände und sonstiger Sachen höher als diese pauschalisierte Versicherungssumme, muss jedoch ein höherer Wert zur Bestimmung der Versicherungssumme berücksichtigt werden, damit auch bei einem Totalschaden die Versicherungssumme ausreichend ist. Die pauschale Ermittlung der Versicherungssumme mit 600 € bis 650 € je qm Wohnfläche darf also nicht dazu führen, dass auf eine korrekte Ermittlung des Versicherungswertes und damit der Vereinbarung der erforderlichen Versicherungssumme verzichtet wird.

UVV in der Wohngebäudeversicherung:
Wird die Versicherungssumme mit einer vom Versicherer anerkannten Wertermittlungsmethode (z.B. Wert nach 1914) richtig ermittelt und die „gleitende Neuwertversicherung" vereinbart, verzichtet der Versicherer auf den Einwand einer Unterversicherung.

Im Rahmen der Angebotserstellung werden Sie unweigerlich auf die Versicherungssumme zu sprechen kommen. Die Erfahrung zeigt, dass viele fremde Zauberer sich lediglich nach der Wohnfläche ihres Kunden erkundigen und dann pauschal mit 600 € bis 650 € je Quadratmeter taxieren, um so die Mindestversicherungssumme für den Unterversicherungsverzicht gemäß Klausel 7712 VHB zu ermitteln. Machen Sie es anders! Fragen Sie Ihren Kunden nach dem heutigen Neuwert aller seiner Einrichtungsgegenstände et cetera. So wird die Versicherungssumme bedarfsgerecht und oft höher als die Pauschale abgeschlossen.

 *„Herr Ast, mit wie viel Euro wollen wir denn die Versicherungssumme ansetzen?"*

Herr Ast: *„Ich bin mir nicht sicher! Meine Möbel sind ja nicht mehr viel wert!"*

„Herr Ast, die Hausratversicherung zahlt im Schadenfall immer zum aktuellen Neuwert. Nehmen wir beispielsweise mal Ihren Tisch. Sollte er etwa durch ein Feuer zerstört werden, wird nicht der Zeitwert, wie zum Beispiel beim Privatverkauf, sondern der Wert eines neuen Tisches gleicher Art und Güte erstattet."

Herr Ast: *„Ach so!"*

„Das bedeutet für Sie, dass Sie einmal im Geiste durch Ihre gesamte Wohnung gehen, alle Möbel berücksichtigen und sämtliche Schränke und Schubladen öffnen sollten. Ich denke da nur mal an die Kleiderschränke von Ihnen und Ihrer Frau, die Küchenschränke mit all den Töpfen, Geschirr und Besteck, die Kinderzimmer mit dem Spielzeug und die Badezimmer mit den Parfüms. Vergessen Sie dabei nicht sämtliche Dekorationsgegenstände. Anschließend müssen Sie nun einschätzen, wie viel Geld Sie benötigen, wenn Sie sich komplett neu einrichten und ausstatten müssten."

Die Zaubersprüche für Sachversicherungen

Geben Sie Ihrem Kunden einen Augenblick Zeit. Sollte er den Wert nicht beziffern können, so können Sie ihm eine Hilfestellung geben. Hierzu sollten Sie an dieser Stelle bereits die Versicherungssumme nach Klausel 7712 VHB für sich ermittelt haben.

Annahme: 80qm Wohnfläche, UVV bei min. 650 € je qm, entspricht 52.000 €

 *„Meinen Sie, dass Sie mit 52.000 Euro auskommen, oder benötigen Sie eventuell mehr?"*

Sobald sich Ihr Kunde auf eine angemessene Versicherungssumme festgelegt hat, ist dies das eindeutige Kaufsignal! Sie haben Ihren Kunden durch eine gewissenhafte und bedarfsgerechte Beratung überzeugt. Ihr Kunde sollte nun auch bereit sein, die von Ihnen ermittelte Prämie zu zahlen. Einem Abschluss steht nichts mehr im Wege.

Für den Fall, dass Ihr Kunde jedoch den Preis Ihres Angebotes noch nicht akzeptiert und einem Abschluss bei Ihnen noch skeptisch gegenübersteht, da dieser höher ist, müssen Sie nochmals auf die Vorteile Ihres Produktes eingehen. Ihr Angebot weist schließlich eine korrekte Versicherungssumme und ein aktuelles Bedingungswerk aus. Der von Ihnen ermittelte Vorschlag beinhaltet also klare Vorteile gegenüber dem fremden Zauber.

 *„Herr Ast, stellen Sie sich bitte vor, dass wir beide in einem Autohaus sind. Hier stehen zwei Golf. Beide erscheinen auf den ersten Blick identisch. Gleiche Farbe und gleiche Ausstattung. Der einzige Unterschied ist der Preis. Der eine kostet 20.000 € und der andere kostet 25.000 €. Wenn ich Ihnen einen davon schenken würde, welchen würden Sie wählen?"*

Herr Ast: *„Den für 25.000 €."*

🎵 *„Warum?"*

Herr Ast: *„Weil der für 25.000 € bestimmt besser ist."*

🎵 *„Sehen Sie und genauso ist es auch bei unserer Hausratversicherung!"*

Verdeutlichen Sie dem Kunden noch einmal die klaren Vorteile Ihres Angebotes, die Sie bei dem Bedingungsvergleich und der Ermittlung der Versicherungssumme herausgearbeitet haben, in dem Sie diese dem Kunden auf einem Blatt Papier aufschreiben.

Listen Sie die Vorteile in Form einer Gegenüberstellung auf. Die Gegenüberstellung sollte in Tabellenform gestaltet sein mit der Spaltenbeschriftung „Jetzt" und „Neu".

	Jetzt	Neu
Vorteil 1	Nein	Ja
Vorteil 2	Nein	Ja
Vorteil 3	Nein	Ja
Versicherungssumme	50.0000 €	65.000 €
Beitrag	120,- € p.a.	140,- € p.a.

Die Zaubersprüche für Sachversicherungen

Geben Sie nun Ihren Zauberstab an den Kunden.

 „Worauf von diesen Vorteilen möchten Sie denn nun verzichten? Streichen Sie diese dann bitte einmal durch."

Ihr Kunde wird sich schwer tun, klare von Ihnen herausgearbeitete Vorteile zu streichen.

 „Sehen Sie. Jetzt haben Sie die Vorteile des Golfs für 25.000 € noch einmal deutlich vor Augen. Sollen wir dann den Antrag nun so aufnehmen?"

Wenn Sie das Verkaufsrezept richtig angewendet haben, besteht für den Kunden nicht mehr die Möglichkeit hier zu verneinen.

> Wenn die bestehende Hausratversicherung kurzfristig nicht kündbar ist – Ihr Kunde aber zeitnah eine Hausratversicherung bei Ihnen abschließen möchte – so hat Ihr Kunde die Möglichkeit, die Versicherungssumme bei seinem bestehenden Vertrag herabzusetzen und bei Ihnen einen Neuabschluss zu tätigen. Achten Sie hierbei darauf, dass Ihr Kunde dadurch nicht überversichert wird. Ist der Ablauf der anderen Hausratversicherung erreicht, so kann Ihr Kunde diese kündigen. Achten Sie darauf, bei Wirksamwerden der Kündigung die Versicherungssumme bei dem von Ihnen vermittelten Vertrag anzupassen!
>
> Wichtig: Hierbei handelt es sich um eine Nebenversicherung gemäß § 77 VVG. Der Kunde hat die Obliegenheit, beiden Versicherungsunternehmen die Nebenversicherung zu melden!

Da Sie nun schon das Vertrauen Ihres Kunden gewonnen und seinen Versicherungsordner vor sich liegen haben, kümmern Sie sich natürlich auch um die anderen „von fremden Zauber" belegten Verträge nach dem oben beschriebenen Rezept.

4.1.2 Hausratversicherung

Fachinfo

Versicherte Gefahren und Schäden:

- Feuer (Brand, Blitzschlag, Explosion, Implosion, Anprall oder Absturz eines Luftfahrzeugs oder seiner Ladung)
- Einbruch/Diebstahl (Einbruchdiebstahl, Raub oder der Versuch einer solchen Tat)
- Vandalismus (nach einem Einbruch)
- Leitungswasser (Rohrbruch, Frost)
- Sturm, Hagel

und

- weitere Elementargefahren

Nach § 1 VHB ist der gesamte Hausrat versichert. Dazu gehören unter anderem:
Sachen, die im Haushalt

- zur Einrichtung
- zum Gebrauch
- zum Verbrauch dienen
- und außerdem Bargeld und Wertsachen

Im Rahmen der Ermittlung der Versicherungssumme beachten Sie bitte auch die besonderen Entschädigungsgrenzen für Bargeld und Wertsachen. Erhöhen Sie, sofern erforderlich, die Entschädigungsgrenzen individuell auf die Bedürfnisse Ihres Kunden.

Sie erinnern sich an das vorangegangene Kapitel 4.1.1 „Fremden Zauber aufdecken – vom guten Zauber überzeugen". Sie haben Ihrem Kunden zu Beginn des dort beschriebenen Gesprächseinstiegs die Frage gestellt, wo er seine Hausratversicherung hat.

Die Zaubersprüche für Sachversicherungen

Hier nun eine Vorgehensweise für Möglichkeit 2, bei der der Kunde (noch) keine Hausratversicherung abgeschlossen hat.

Rezeptur „Hausrat on the rocks – geschüttelt, nicht gerührt"

Wirkung: Den Kunden von der Notwendigkeit einer Hauratversicherung überzeugen.

Zutaten:

- die 11 Grundregeln für Verkaufsmagier

- Zauberspruch

- Zauberstab

Der Zauberspruch kann beginnen:

„Herr Ast, wo haben Sie eigentlich Ihre (Hausrat-) Versicherung?"

Herr Ast: „Habe ich nicht!"

Hier ist Ihr schauspielerisches Talent gefragt, indem Sie die Hände über den Kopf zusammenschlagen, ein besorgtes Gesicht machen und sagen:

„Wie können Sie nur ohne (Hausrat-) Versicherung rumlaufen? Das ist doch eine der wichtigsten Versicherungen überhaupt! Was machen Sie denn, wenn ...

- es bei Ihnen brennt?
- bei Ihnen eingebrochen wird?
- Wasser aus der Geschirrspülmaschine austritt und Mobiliar beschädigt?
- der Dachstuhl durch einen Blitzschlag brennt und das Löschwasser in Ihre Wohnung läuft?
- die Waschmaschine Ihrer Nachbarn über Ihnen ein Leck hat, Wasser durch die Decke tropft und Ihr Mobiliar beschädigt?"

Machen Sie eine kurze Pause, um Ihrem Kunden die Möglichkeit zu geben, das Gesagte zu verarbeiten.

„Gehen Sie einmal im Geiste durch Ihre gesamte Wohnung und schauen Sie sich alle Möbel an. Schauen Sie auch geistig in sämtliche Schränke und Schubladen. Ich denke da nur mal an die Kleiderschränke von Ihnen und Ihrer Frau, die Küchenschränke mit all den Töpfen, Geschirr und Besteck, die Kinderzimmer mit dem Spielzeug und die Badezimmer mit den Parfüms. Vergessen Sie dabei nicht sämtliche Dekorationsgegenstände."

Malen Sie, während Ihr Kunde in sich geht, ein Haus auf ein Blatt Papier:

Die Zaubersprüche für Sachversicherungen

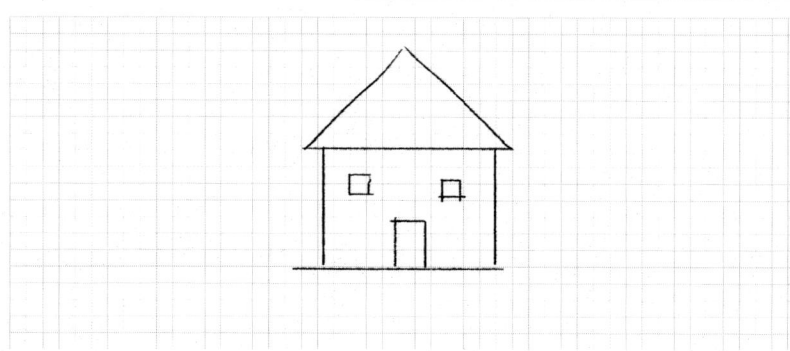

🎵 „Nehmen wir einmal an, dass dieses Haus Ihres ist. Wenn wir Ihr Haus nun umdrehen..."

Drehen Sie das Blatt Papier auf den Kopf, so dass das Dach nach unten zeigt.

🎵 „... und wir das Haus nun kräftig schütteln,..."
Bewegen Sie das Blatt Papier schnell von oben nach unten.

🎵 „... dann fällt alles raus, was Sie sich gerade vorgestellt haben. Stellen Sie sich einmal diesen Berg von Gegenständen vor."

Kurze Pause.

🎵 „Wollen Sie, dass alles, was nun nicht mehr in Ihrem Haus sondern nun draußen liegt, nicht versichern?"

Ermitteln Sie nun wie bereits oben beschrieben die mögliche Versicherungssumme Ihres Kunden. Sie werden schnell eine fünfstellige Zahl generieren. Ihrem Kunden wird so noch einmal deutlich, wie wichtig eine Hausratversicherung sein kann. Ein von Ihnen vorgelegtes Angebot wird Ihrem Kunden auch verdeutlichen, dass ein solcher Versicherungsschutz durchaus bezahlbar ist.

Nun liegt es an Ihnen, Ihrem Kunden weitere Vorteile einer Hausratversicherung Ihres Unternehmens näher darzulegen und ein entsprechendes Angebot zu unterbreiten.

4.1.3 Kfz-Versicherung

Fachinfo

§ 1 PflVG (Pflichtversicherungsgesetz): Der Halter eines Kraftfahrzeugs oder Anhängers mit regelmäßigem Standort im Inland ist verpflichtet, für sich, den Eigentümer und den Fahrer eine Haftpflichtversicherung zur Deckung der durch den Gebrauch des Fahrzeugs verursachten Personenschäden, Sachschäden und sonstigen Vermögensschäden (…) abzuschließen und aufrechtzuerhalten.

Was deckt die Teilkasko?	Versichert sind Schäden durch:
	– Brand (z.B. Kabelbrand)
	– Einbruch
	– Diebstahl des gesamten Fahrzeugs oder Teilen davon
	– Unwetterschäden (z.B. Hagel, Blitzschlag)
	– Zusammenprall mit Haarwild
	– Marderbiss
	– Glasbruch

Fachinfo	
Was deckt darüber hinaus die Vollkasko?	– Schäden nach Unfallflucht des Verursachers – Vandalismus – Eigenverursachte Schäden (z.B. als Unfallverursacher)

> Im Jahr 2009 gab es 2.304.935 polizeilich erfasste Verkehrsunfälle (vorläufiges Ergebnis), das sind pro Tag 6.332,24.[28]

Die Kfz-Versicherung ist die Versicherung, die jeder Kunde mit einem Auto haben muss. Diese Versicherung gilt als Einstiegsprodukt und ist Türöffner für den Verkäufer auch weitere Versicherungen zu platzieren. Daher ist die Kfz-Versicherung im Wettbewerb die am heißesten umkämpfte Sparte. Es liegt daher an Ihnen, dass Sie bei Ihrem Kunden auch immer die Kfz-Versicherung ansprechen und einen Gegenvorschlag unterbreiten. Hierzu brauchen Sie die Daten der bereits beim Mitbewerber vorhandenen Kfz-Versicherung. Fangen Sie heute mit der Datensammlung an! Zum einen werden Sie es in der „heißen Phase" der Abwerbung nicht schaffen, alle Ihre Kunden zu diesem Thema zu besuchen. Zum anderen haben die ersten Versicherer begonnen die Versicherungsabläufe vom 01. Januar eines Jahres zu entzerren. Hier kann es passieren, dass Sie im November schon zu spät sind. Den genauen Umfang des Versicherungsschutzes Ihres Kunden entnehmen Sie bitte bei der Datensammlung den aktuellen AKB des Versicherers.

> Rezeptur „Ich glaube an das Pferd. Das Automobil ist eine vorübergehende Erscheinung" (Wilhelm II)

Wirkung: Den Kunden sensibilisieren, die Kfz-Versicherung bei Ihnen abzuschließen.

Zutaten:

- die 11 Grundregeln für Verkaufsmagier

- Zauberspruch 🎵

Der Zauberspruch kann beginnen:

In Ihrem Büro:

🎵 *„Sind Sie eigentlich mit Ihrem Pferd hier?"*

Herr Ast: *„Nein, warum?"*

🎵 *„Weil ich Ihre Kfz-Versicherung gar nicht in meinen Unterlagen sehen kann!"*

Sie haben mit diesem Zauberspruch Ihren Kunden aktiviert und auf das Thema „Kfz-Versicherung" aufmerksam gemacht. Es ist nun ein Leichtes, Ihren Kunden im weiteren Gesprächsverlauf davon zu überzeugen, dass auch Sie Ihre Konditionen diesbezüglich einmal vorlegen dürfen.

An dieser Stelle folgender Hinweis:

Unserer Erfahrung nach gibt es kein Geheimrezept, um dem Kunden eine Kfz-Versicherung zu verkaufen, die bei ähnlichem Leistungsumfang 300 € pro Jahr teurer ist als seine bestehende.

4.1.4 Rechtsschutz

Fachinfo

Wer einen Zivilprozess verliert, zahlt nicht nur die Kosten für den eigenen Anwalt, sondern auch die Gerichtsgebühren und das Honorar des gegnerischen Anwalts. Eine Orientierung über die Höhe der Kosten bieten Ihnen Prozesskostenrechner, die Sie im Internet finden können. Ein Streitwert in Höhe von 5.000 € führt in der Regel zu Prozesskosten in Höhe von ca. 3.000 €. Wer weiß denn heute noch sicher, ob er Recht hat? Und vor allem nach welchem Recht? In Deutschland gibt es unzählbare Gesetze, Verordnungen, Durchführungsbestimmungen und allgemein gültige Urteile, dass es für den Laien fast unmöglich wird, sein Recht zu finden.

Die Rechtsschutzversicherung übernimmt für den Kunden und die mitversicherten Personen:

- die Kosten für den eigenen Rechtsanwalt
- die Gerichtskosten
- Zeugengeld
- Kosten für Gutachter und Sachverständige
- die Kosten der Gegenseite, bei Unterliegen
- die Prozessgebühr eines Korrespondenzanwalts

Vereinbarung einer Selbstbeteiligung: Je nach Umfang der Rechtsschutzversicherung sollten Sie gemeinsam mit Ihrem Kunden prüfen, ob die Vereinbarung einer Selbstbeteiligung sinnvoll sein könnte. In vielen Fällen spart der Kunde innerhalb von zwei bis drei Jahren Beiträge in Höhe der Selbstbeteiligung. Außerdem versprechen viele Versicherer den Verzicht der Selbstbeteiligung nach einer gewissen Anzahl an schadenfreien Jahren. Beachten Sie zusätzlich die Wartezeiten, die Ihr Versicherer festlegt.

Im Kapitel 4.1.1 haben wir Ihnen verraten, wie Sie an den Versicherungsordner des Kunden gelangen. Hier gilt es nun die elementarsten Deckungslücken als erstes zu schließen. In vielen Fällen ist dies die Rechtsschutzversicherung, welche von den bekanntesten Sparten am geringsten verbreitet ist. Folgende Rezeptur lässt Sie nun an das Gespräch „Fremden Zauber aufdecken – vom guten Zauber überzeugen" anknüpfen.

Rezeptur „Die Hand in das Feuer legen"

Wirkung: Den Kunden von der Notwendigkeit einer Rechtsschutzversicherung überzeugen.

Zutaten:

- die 11 Grundregeln für Verkaufsmagier

- Zauberspruch

    - Kunde: Herr Ast, verheiratet, zwei Kinder
    - Status: angestellt, Mieter
    - Kfz: vorhanden

Der Zauberspruch kann beginnen:

„Herr Ast, Sie könnten mir eines Tages Vorwürfe machen, wenn ich Sie nicht hier und heute auf eine Lücke in Ihrem Versicherungsschutz hinweise."

Herr Ast: „Und das wäre?"

Die Zaubersprüche für Sachversicherungen

 *„Ihnen fehlt eine Rechtsschutzversicherung!"*

Herr Ast: *„Ich war noch nie vor Gericht! Danke, aber so etwas benötige ich nicht!"*

 *„Ich weiß, das ist etwas, woran man erst denkt, wenn man mitten in einem Streit steckt. Aus heiterem Himmel können Sie in einen solchen Streit verwickelt werden. Plötzlich müssen Sie um Ihr Recht kämpfen, mit einem Kaufhaus, einem Sozialversicherungsträger, mit einem eBay-(Ver-)Käufer, mit Ihrem Vermieter, mit der Polizei wegen angeblicher Ordnungswidrigkeiten, mit einer Werkstatt, einem Straßenverkehrsteilnehmer, mit Nachbarn oder mit Ihrem Chef."*

Hier bleibt es Ihnen überlassen, welche möglichen Themenfelder – nennen Sie aber mindestens drei bis vier – zu einem Rechtsstreit von Ihnen angesprochen werden. Grundsätzlich sollten Sie jedoch verdeutlichen, dass die „Landschaft der Rechtsstreitigkeiten" sehr vielfältig ist.

Herr Ast: *„Nun ja, es gibt tatsächlich viele Möglichkeiten in Streit zu kommen, an die ich nun nicht gerade täglich denke."*

„Es gibt unzählige Situationen, in die Sie geraten können und in denen bei allem guten Willen keine Einigung möglich ist. Wollen Sie dann durch Nachgeben oder aus finanziellen Gründen auf Ihr Recht verzichten? Eine prägnante Volksweisheit besagt:,Vor Gericht und auf hoher See bist Du in Gottes Hand!'. Das Gefährliche an Zivilprozessen ist nämlich, dass Sie für den Fall, dass Sie unterliegen, auch die Kosten der gegnerischen Seite übernehmen müssten."

Herr Ast: *„Und was bedeutet das konkret?"*

 *"Recht haben, es aber nicht bekommen, kann ganz schön teuer werden! Beispielsweise bei einem Streitwert von 5.000 € können alleine in erster Instanz schon Kosten in Höhe von 3.000 € für den Verlierer entstehen! Und das Fatale ist, dass meistens derjenige gewinnt, welcher sich den besseren Anwalt leisten kann!"*

Herr Ast: *"Wow, damit habe ich nicht gerechnet."*

 *"Sie können Ihr Recht verteidigen, wenn es sein muss vor Gericht, ohne Rücksicht auf Zeit und Kosten. Herr Ast, Sie sind sicherlich ein friedlicher Mensch. Aber wollen Sie Ihre Hand dafür ins Feuer legen, dass es auch alle anderen sind?"*

Herr Ast: *"Nein, das will ich nicht."*

"Herr Ast, lassen Sie uns doch einmal gemeinsam schauen, in welchen Bereichen aus Ihrer Sicht im täglichen Leben das höchste Streitpotenzial liegt."

> Rezeptur „Der Klügere gibt nach! Eine traurige Wahrheit, sie begründet die Weltherrschaft der Dummheit." **(Marie von Ebner-Eschenbach)**

Wirkung: Den Kunden von der Notwendigkeit einer Rechtsschutzversicherung überzeugen.

Zutaten:

- die 11 Grundregeln für Verkaufsmagier

- Zauberspruch

- Kunde: Herr Ast, verheiratet, zwei Kinder
- Status: angestellt, Mieter
- Kfz: vorhanden

Der Zauberspruch kann beginnen:

 „Herr Ast, kennen Sie das Sprichwort: ‚Der Klügere gibt nach!'?"

Herr Ast: „Wer kennt das nicht?"

 „In welchen Situationen haben Sie diesen Ausspruch schon einmal getätigt?"

Herr Ast: „Meistens im Streit."

 „Haben Sie dann ein aus Ihrer Sicht zufriedenstellendes Ergebnis in diesem Streit erzielt?"

Herr Ast: „Natürlich nicht. Ich konnte ja meinen Gesprächspartner nicht überzeugen."

 „Was ist das für ein Gefühl, wenn man einen Streit mit diesen Worten beenden muss?"

Herr Ast: „Sicher kein befriedigendes."

 „Dann ist also der ‚Klügere' eigentlich der ‚Dumme'. Stimmt's?"

Herr Ast: „Eigentlich schon."

 „Herr Ast, es gibt da noch zwei Sprichwörter, die ich Ihnen in diesem Zusammenhang nicht vorenthalten möchte: ‚Recht haben und Recht bekommen sind zwei paar Schuhe.' und ‚Vor Gericht und auf hoher See bist Du in Gottes Hand!'."

Pause.

 „Der Volksmund sagt uns also auch, dass bei Streitigkeiten häufig aus dem ‚Klügeren' der ‚Dumme' wird. Herr Ast, Sie könnten mir in diesem Zusammenhang eines Tages Vorwürfe machen, wenn ich Sie nicht hier und heute auf eine Lücke in Ihrem Versicherungsschutz hinweise."

Herr Ast: „Und die wäre?"

 „Ihnen fehlt eine Rechtsschutzversicherung! Diese gibt Ihnen die Möglichkeit bei Streitigkeiten einen klugen Anwalt Ihres Vertrauens zu wählen, der Sie dabei unterstützt, nicht der ‚Dumme' zu sein. Wann wollen Sie die kluge Entscheidung für eine Rechtsschutzversicherung treffen?"

Besprechen Sie nun als erstes die Rechtsschutzarten (z.B. Privat-, Berufs- und Verkehrsrechtsschutz), die die individuellen Rahmenbedingungen des Kunden aufgreifen. Weisen Sie Ihren Kunden aber auch auf die anderen Leistungsarten einer Rechtsschutzversicherung hin und unterbreiten Sie im Anschluss einen konkreten Vorschlag.

4.1.5 Unfallversicherung (mit Beitragsrückgewähr)

Fachinfo

Nach den Bedingungen für die private Unfallversicherung (AUB) wird der Unfallbegriff folgendermaßen definiert: Ein Unfall ist ein

Plötzlich, von

Außen,

Unfreiwillig, auf den

Körper wirkendes

Ereignis,

welches eine Gesundheitsschädigung nach sich zieht. Als Unfall gilt auch, wenn die versicherte Person durch überhöhte Kraftanstrengung an Gliedmaßen oder Wirbelsäule ein Gelenk verrenkt wird oder Muskeln, Sehnen, Bänder oder Kapseln gezerrt oder zerrissen werden.

Da sich die Unfallversicherungstarife der vielen Versicherungsunternehmen in Deutschland in vielen Punkten unterscheiden, werden wir an dieser Stelle nicht näher auf die verschiedensten Leistungsarten, Leistungserweiterungen, Mehrleistungssysteme und Leistungsausschlüsse eingehen. Machen Sie sich also mit dem Bedingungswerk Ihres Anbieters, zum Beispiel in Form des Selbststudiums oder in Form von internen Schulungen, vertraut.

Fachinfo

Die Bedarfssituation der verschiedenen Zielgruppen und bei jedem einzelnen Kunden ist eine andere. Daher können wir hier keine konkreten Handlungsanweisungen zur individuellen Absicherung Ihres Kunden (zum Beispiel: Höhe der Invaliditätssumme) abgeben. Nutzen Sie hierfür bitte das Bedarfsanalysetool, welches Ihr Unternehmen Ihnen zur Verfügung stellt oder sprechen Sie mit dem Spezialisten in Ihrem Unternehmen.

Rezeptur „Schließen Sie das Fenster"

Wirkung: Den Kunden von einer Unfallversicherung mit Beitragsrückgewähr überzeugen.

Zutaten:

- die 11 Grundregeln für Verkaufsmagier

- Zauberspruch ♪♫

Der Zauberspruch kann beginnen:

Beim Studieren des Versicherungsordners Ihres Kunden (siehe Kapitel 4.1.1 „Fremden Zauber aufdecken – vom guten Zauber überzeugen") fällt Ihnen auf, dass er über eine Risikounfallversicherung verfügt:

Annahme: Kunde Herr Ast, 35 Jahre, Beitrag Unfallversicherung 20 €

♪♫ *„Herr Ast, mir fällt gerade auf, dass Sie eine Unfallversicherung besitzen."*

Herr Ast: „Ja, das stimmt."

 „Sagen Sie Herr Ast, wie lange haben Sie denn schon eine Unfallversicherung?"

Herr Ast: „Die haben meine Eltern für mich abgeschlossen und ich habe sie nach meiner Ausbildung übernommen."

 „Das bedeutet also, dass Sie diese seit circa fünfzehn Jahren bezahlen?"

Herr Ast: „Ja, das ist richtig."

 „Haben Sie diese denn schon einmal in Anspruch nehmen müssen?"

Herr Ast: „Nein, zum Glück nicht!"

 „Wie viele meiner Kunden. Ich sage ja immer: ‚Eine Unfallversicherung ist wie Schutzgelderpressung – solange Sie die Beiträge bezahlen, passiert Ihnen nichts!'."

Herr Ast: „Haha, der ist gut."

 „Nun Herr Ast, das bedeutet – unabhängig davon, ob der Versicherungsschutz angemessen ist oder nicht – dass Sie über fünfzehn Jahre, monatlich 20 €, also 3.600 € **aus dem Fenster geschmissen** haben!"

Herr Ast: *„Oh, das ist nicht wenig!"*

 *„Wussten Sie eigentlich, dass es eine Unfallversicherung gibt, bei der Sie Ihr Geld zurückbekommen? Und das unabhängig davon, ob Sie Leistungen in Anspruch nehmen oder nicht."*

Herr Ast: *„Nein, noch nie gehört!"*

 *„Dann werde ich einmal rechnen, wie das Ganze für Sie aussehen kann. **Ab wann wollen Sie denn das Fenster schließen?** Zum nächsten Ersten oder zum 01.YY.?"*

Sollte der Kunde sich den Beitrag von circa 80 € nicht leisten können oder wollen, so besteht ebenfalls die Möglichkeit eine Kombination aus Unfallversicherung mit Beitragsrückgewähr und Risikounfallversicherung anzubieten.

Rezeptur „Das Schweizer Taschenmesser"

Wirkung: Den Kunden von einer Unfallversicherung mit Beitragsrückgewähr für Kinder überzeugen.

Zutaten:

- die 11 Grundregeln für Verkaufsmagier

- Zauberspruch

Die Zaubersprüche für Sachversicherungen

Der Zauberspruch kann beginnen:

Sie sind bei einem Kunden, der gerade Nachwuchs bekommen hat. Wichtig ist hier, dass beide Elternteile bei dem Gespräch anwesend sind.

 *„Herr Ast, zuerst einmal herzlichen Glückwunsch zu Ihrem Nachwuchs!"*

Herr Ast: *„Danke!"*

 *„Sicher geht es Ihnen wie allen Eltern, Sie wünschen sich nur das Beste für Ihr Kind, und das ihm/ihr nie etwas Schlimmes zustoßen wird. Das wünsche ich ihm/ihr selbstverständlich auch!"*

Sollten Sie selbst Kinder haben, können Sie an dieser Stelle etwas aus dem Nähkästchen plaudern. Halten Sie dabei aber immer die Ohren offen – viele Eltern erzählen in dieser Phase des Gesprächs schon viel darüber, welchen Versicherungsschutz sie für ihr Kind von vornherein wünschen. Diesen gilt es bei Lücken noch zu erweitern.

Herr Ast: *„Ja, selbstverständlich!"*

 *„Nun ja, natürlich gibt es viele Versicherungen, die das Wohlergehen und die finanzielle Absicherung Ihres Kindes als Grundlage haben. Da gibt es neben der Ausbildungsversicherung – die zum Beispiel die Kosten für ein Studium, den Führerschein oder die erste Wohnungseinrichtung decken sollen – noch die Krankenzusatzversicherung und die Kinderunfallversicherung."*

Herr Ast: *„Also, so eine Ausbildungsversicherung wollen wir abschließen."*

 *„Gut Herr Ast, darauf komme ich gerne später noch einmal zurück. Der erste Schritt sollte meines Erachtens die Kin-*

derunfallversicherung sein, die die finanziellen Folgen eines Unglücks abfedern soll. Wissen Sie, die Kinder werden so schnell flügge und können viele Gefahren noch gar nicht einschätzen. Das gilt nicht nur für den Straßenverkehr sondern auch für den Spielplatz et cetera."

Herr Ast: *„Nun ja, bis unser Kind flügge wird, dauert's ja noch ein wenig. Er/Sie muss ja erstmal laufen lernen."*

Nun kommt der entscheidende Satz für die Unfallversicherung, dem junge Eltern nicht widerstehen können.

„Da gebe ich Ihnen Recht. Aber auch heute lauern schon viele Gefahren. Bedenken Sie nur eines: Wer ‚betritt' zuerst die Straße – Sie oder der Kinderwagen?"

Herr Ast: *„Da habe ich ja noch gar nicht drüber nachgedacht!"*

„Sehen Sie, und die Folgen, die durch einen Unfall in so frühen Jahren entstehen können, können wir beide nicht absehen. Gut zu wissen, dass es nur wenige Euro im Monat aufzubringen gilt, Ihr Kind vor diesen Folgen zu schützen."

Herr Ast: *„Und was bedeuten ‚nur wenige Euro'?"*

An dieser Stelle können Sie Ihrem Kunden ein Angebot für eine Kinder-Risikounfallversicherung unterbreiten. Sollte Ihr Unternehmen allerdings auch die Unfallversicherung mit Beitragsrückgewähr anbieten, sollten Sie damit noch warten und unseren Zauberspruch um das Folgende ergänzen:

„Nun, bevor ich Ihnen ein Angebot unterbreite, habe ich noch eine Frage: Haben Sie schon einmal vom ‚intelligenten Sparplan' gehört?"

Herr Ast: „*Nein, was soll das sein?*"

 „*Nun ja, Sie sagten vorhin, dass Sie für Ihr Kind in Form einer Ausbildungsversicherung sparen möchten.*"

Herr Ast: „*Ja, und weiter?*"

 „*Ich möchte Ihnen an dieser Stelle gerne das ‚Schweizer Taschenmesser' der XX-Versicherung vorstellen.*"

Herr Ast: „*Und was soll das sein?*"

 „*Das ist eine berechtigte Frage. Das Schweizer Taschenmesser heißt in unserem Hause ‚Unfallversicherung mit Beitragsrückgewähr' für Kinder. Das ist die schlaue Kombination aus der Ausbildungsversicherung und der Kinderunfallversicherung. Sie sparen bis zum achtzehnten Geburtstag Ihres Kindes jeden Monat einen festen Beitrag, zum Beispiel mit einem Teil des Kindergeldes. Gleichzeitig ist Ihr Kind mit einem solchen Vertrag gegen die Folgen eines Unglücks versichert. Mit dem achtzehnten Geburtstag wird dann die vereinbarte Ablaufleistung fällig, genau wie bei einer Ausbildungsversicherung auch. Und das unabhängig davon, ob Leistungen aus dem Unfallschutz beansprucht wurden oder nicht. Wir wollen hoffen, dass Ihr Kind nie auf diesen Schutz angewiesen sein wird! Und sollte Ihnen einmal etwas zustoßen, zahlt die XX-Versicherung die Beiträge weiter, damit Ihr Kind auch auf jeden Fall die Summe bekommt, die wir heute miteinander vereinbaren – genau wie bei der Ausbildungsversicherung auch!*"

Herr Ast: „*Das klingt gut! Das ist ja wie zwei Fliegen mit einer Klatsche schlagen!*"

„*Sie sagen es Herr Ast! Wenn Sie einverstanden sind, dann berechne ich Ihnen einmal einen Vorschlag, so wie ich mein Kind (oder Patenkind, Neffe, Nichte) abgesichert habe (absichern würde). Und dann schauen wir uns das einmal genauer an und können diesen Vorschlag dann individuell für Ihr Kind zuschneiden – einverstanden?*"

Herr Ast: „*Ja, das hört sich vernünftig an.*"

An dieser Stelle können Sie Ihrem Kunden ein Angebot für eine Unfallversicherung mit Beitragsrückgewähr für Kinder unterbreiten.

Rezeptur „Die Beitragssicherungspolice fürs Alter"

Wirkung: Den Kunden von einer Unfallrente überzeugen.

Zutaten:

- die 11 Grundregeln für Verkaufsmagier

- Zauberspruch

- Zauberstab

Der Zauberspruch kann beginnen:

Sie besuchen Ihren Kunden Herrn Ast, der bereits über einen Altersvorsorgevertrag verfügt, oder welchen er soeben bei Ihnen abgeschlossen hat. Voraussetzung für dieses Gespräch ist, das Ihr Unternehmen die reine Unfallrente (mit Beitragsrückgewähr) anbietet.

„Herr Ast, es war die absolut richtige Entscheidung für Ihre finanzielle Unabhängigkeit in Ihrer arbeitsfreien Zeit vorzusorgen. Wenn Ihnen nun aber etwas zustößt, zum Beispiel ein Unfall. Was passiert dann mit der Beitragszahlung und somit Ihrer Vorsorge?"

Herr Ast: *„Nun, darüber habe ich noch gar nicht nachgedacht."*

„Genau das ist der Grund, warum ich dieses Thema anspreche – um Sie auf solche Umstände aufmerksam zu machen und Ihnen die Möglichkeit zu bieten entsprechend gegenzusteuern."

Herr Ast: *„Nun, was kann ich denn nun tun, um meine Altersvorsorge auf sichere Beine zu stellen?"*

„Genau für solche Fälle hat die XX-Versicherung die Beitragssicherungspolice entwickelt."

Herr Ast: *„Was ist das genau?"*

„Gut, schauen wir uns das genauer an. Herr Ast, Sie zahlen derzeit Beiträge, um später, zum Beispiel mit 65 Jahren, unabhängig zu sein."

 Zeichnen Sie mit Ihrem Zauberstab eine Lebenslinie mit offenem Ende, dargestellt durch eine Pfeilspitze. Etwa nach zwei Dritteln zeichnen Sie z.B. das 65. Lebensjahr ein und schreiben „arbeitsfreie Zeit" darüber. Den Anfang des Pfeils benennen Sie mit „heute". Symbolisieren Sie die Beitragszahlung mit mehreren kleinen Strichen und schreiben „Beiträge" darunter.

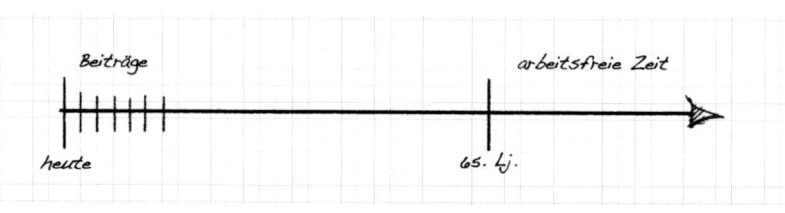

 „Und diese Beiträge sorgen später für Ihr lebenslanges Zusatzeinkommen."

 Zeichnen Sie einen zweiten kleinen Pfeil beginnend beim „65. Lj." und schreiben „Zusatzeinkommen" oder „Rente" dazu.

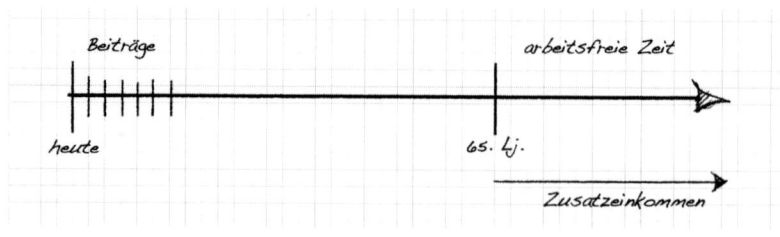

Die Zaubersprüche für Sachversicherungen

 *„Soweit, so bekannt. Was aber, wenn Ihnen nun ein Unfall passiert?"*

 Zeichnen Sie nun einen Blitz ein und schreiben „Unfall" dazu.

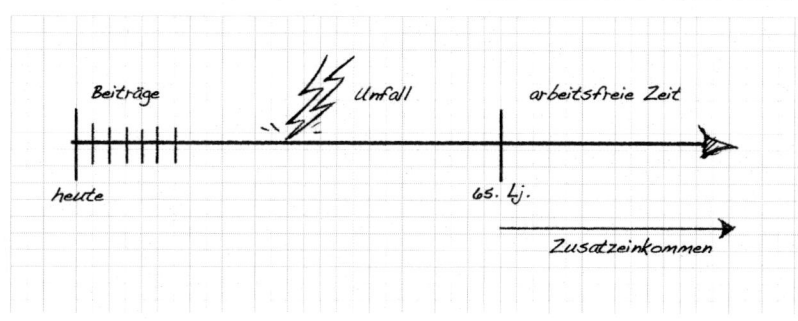

 *„Jetzt könnten wir eigentlich alles was rechts vom Blitz ist wegstreichen. Natürlich ausgenommen das 65. Lebensjahr, das wird wohl bleiben!"*

Herr Ast: *„Nun ja, aber was kann ich nun tun?"*

 *„Herr Ast, wie bereits angesprochen haben wir die so genannte Beitragssicherungspolice. Diese zahlt Ihnen bei einem Invaliditätsgrad ab fünfzig Prozent eine lebenslange Invaliditätsrente von fünfhundert Euro, von der Sie unter anderem die Beiträge weiterzahlen können."*

 Zeichnen Sie mit Ihrem Zauberstab nun einen dritten Pfeil ein. Dieser beginnt unter der Blitzspitze und endet auf gleicher Höhe wie die zuvor gezeichneten Pfeile. Diesen beschriften Sie mit „lebenslange Inv.-Rente ab 50 % von 500 €".

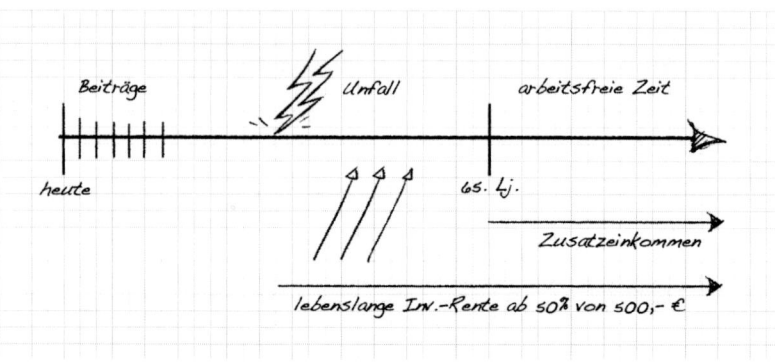

Herr Ast: *„Den Sinn habe ich verstanden. Was kostet mich das denn?"*

 *„Das kommt darauf an. Diese Beitragssicherungspolice gibt es in zwei Ausprägungen. Einmal als Risikovariante, die kostet Sie sieben Euro im Monat, also etwa 24 Cent pro Tag. Oder aber die Beitragsrückgewährvariante, bei der Sie bei Vertragsablauf die eingezahlten Beiträge zuzüglich eventueller Zinsen zurückbekommen. Die kostet Sie 26 € im Monat, also nicht mal einen Euro am Tag. Dafür bekommen Sie dann bei Ablauf etwa 10.000 € zurück! Welche Variante sagt Ihnen mehr zu und wann wollen Sie damit beginnen, zum nächsten Ersten oder zum 01.XX.?"*

Bitte beachten Sie, dass Sie bei Fragen zum Beitrag immer die kleinsten Zahlen – also die Tagesprämie – nennen. Dem Kunden wird so der geringe Verzicht auf Liquidität verdeutlicht.

Die Zaubersprüche für Sachversicherungen

Rezeptur „Der intelligente Oma-/Opa-Sparplan"

Wirkung: Den Kunden die Vorteile einer Unfallversicherung mit Beitragsrückgewähr für Kinder gegenüber einem Sparbuch darstellen.

Zutaten:

- die 11 Grundregeln für Verkaufsmagier

- Zauberspruch

- Zauberstab

Der Zauberspruch kann beginnen:

Sie besuchen Ihren Kunden Herr Ast. Sie wissen oder erfahren gerade, dass er Großvater geworden ist. Selbstverständlich gratulieren Sie ihm zum Familienzuwachs. Dieses Gespräch lässt sich natürlich auch auf Patentanten und Patenonkel anwenden.

 *„Herr Ast, gehören Sie denn auch zu den vielen Großeltern, denen die finanzielle Sicherheit ihrer Enkel am Herzen liegt und deshalb ein Sparbuch für ihr Enkelkind eingerichtet haben und dort regelmäßig zum Beispiel per Dauerauftrag einzahlen?"*

Herr Ast: „Ja selbstverständlich, die Eltern haben ja jetzt erst einmal ganz andere finanzielle Belastungen als dass sie sich auch noch darum kümmern könnten."

„Kennen Sie denn eigentlich schon den intelligenten Sparplan für Großeltern?"

Herr Ast: „Nein, was ist das?"

„Nun, das ist ein Sparvertrag, der zusätzlich die finanziellen Folgen eines eventuellen Unfalls Ihres Liebsten abfedert. Denn wie Sie schon sagten, haben die Eltern durch die Geburt allein schon höhere Belastungen. Und die Verzinsung braucht sich hinter der eines üblichen Sparbuchs auch nicht zu verstecken. Lassen Sie uns das einmal genauer ansehen. Wie viel sparen Sie denn monatlich für Ihren Enkel?"

Herr Ast: „Fünfzig Euro."

Zeichnen Sie mit Ihrem Zauberstab folgende Tabelle:

Sparbuch	Intelligenter Sparplan
50,- €	50,- €
50,- €	50,- €
50,- €	50,- €
50,- €	50,- €
....	....

Die Zaubersprüche für Sachversicherungen

„Herr Ast, wie hoch sind denn die Zinsen, die Sie auf dem Sparbuch erzielen? Das übliche halbe Prozent?"

Herr Ast: „Ja."

„Nun, dann lassen Sie uns doch mal mithilfe meines Zinseszinsrechners schauen, was nach achtzehn Jahren für Ihren Enkel zur Verfügung steht."

Führen Sie die Berechnung durch und tragen Sie den errechneten Wert unter die linke Spalte.

Sparbuch	Intelligenter Sparplan
50,- €	50,- €
50,- €	50,- €
50,- €	50,- €
50,- €	50,- €
....	....
11.301,97 €	

„Nun, dann lassen Sie uns mal schauen, was bei dem intelligenten Sparplan herauskommt."

Berechnen Sie nun ein entsprechendes Angebot einer Unfallversicherung mit Beitragsrückgewähr. Und tragen sowohl die Garantieleistung und zusätzlich die Gesamtleistung inklusive der Überschussbeteiligung, sowie den Versicherungsschutz unter die rechte Spalte.

Sparbuch	Intelligenter Sparplan	
50,- €	50,- €	
50,- €	50,- €	
50,- €	50,- €	
50,- €	50,- €	
....	....	
11.301,97 €	Garantiert:	10.687,- €
	Gesamt:	12.937,- €
	Unfallschutz:	
	Inv.:	80.000,- €
	Max. Inv.:	400.000,- €
	KH/T:	15,- €
	...	

♪♫ „Herr Ast, was halten Sie nun von dieser Möglichkeit des intelligenten Sparens?"

Herr Ast: „Nun, hätte ich vorher von dieser Möglichkeit erfahren, hätte ich diese von Anfang an gewählt."

♪♫ „Herr Ast, die Vergangenheit können wir beide nicht ändern. Aber ab dem nächsten Ersten können wir die Zukunft neu gestalten. Darf ich den Antrag jetzt so aufnehmen?"

Ihr Kunde sollte nach dem vorangegangenen Verkaufsgespräch keinen Grund mehr haben, an einem Sparbuch festzuhalten.

4.2 Die Zaubersprüche für Personenversicherungen

4.2.1 Altersvorsorge

Als Altersvorsorge kann man alle regelmäßigen Einkünfte nach dem Ende des Berufslebens verstehen. Aber auch die Mietersparnis durch ein selbstbewohntes und bezahltes Eigenheim kann hierzu gezählt werden.[29] Auch wenn nun in unserer Bevölkerung hinlänglich bekannt ist, dass die gesetzliche Rente nicht ausreicht, wird das Thema Altersvorsorge von vielen Kunden sehr häufig unterschätzt bzw. auf die lange Bank geschoben. Diese Einstellung hat zur Folge, dass oftmals sehr spät mit einer Versorgung begonnen wird. Hier gilt es allerdings zu beachten, dass ein „Aufschieben" der Altersvorsorge sehr teuer werden kann. Die folgende Übung wird Ihnen diese Tatsache verdeutlichen:

Übung

Nehmen Sie einen 20-jährigen, einen 30-jährigen, einen 40-jährigen und einen 50-jährigen fiktiven Kunden und berechnen Sie für alle die gleiche Garantierente in Höhe von 500 € mit Endalter 67.

Tragen Sie die von Ihnen ermittelten Beiträge in die Tabelle ein.

Eintrittsalter	Monatsbeitrag
20 Jahre	
30 Jahre	
40 Jahre	
50 Jahre	

Sie werden anhand der vollständigen Tabelle erkennen, dass die Beiträge exponentiell ansteigen, je höher das Eintrittsalter ist. Damit eine adäquate Versorgung für Ihren Kunden auch bezahlbar bleibt, ist es also Ihre wichtige Aufgabe, den Kunden frühzeitig auf diese Thematik aufmerksam zu machen und für eine zusätzliche private Altersvorsorge und den damit zusammenhängenden Zinseszinseffekt zu sensibilisieren. Machen Sie diese Übung vor jedem Kundentermin mit den persönlichen Daten Ihres Kunden, damit Sie ein Gefühl für die individuellen Zahlen Ihres Kunden haben. Da von Versicherungsunternehmen zu Versicherungsunternehmen die Tarife unterschiedlich kalkuliert sind, können im Folgenden nur Annäherungswerte genannt werden.

Sie müssen Ihren Kunden jedoch nicht nur auf den Faktor „Zeit" aufmerksam machen, sondern auch auf die Versorgungslücken in der gesetzlichen Sozialversicherung bei drohender Arbeits- oder Berufsunfähigkeit. Denn nicht nur der frühzeitige Einstieg in die eigene Altersvorsorge ist ein Garant für eine Bezahlbarkeit der Beiträge bis ins hohe Rentenalter, sondern auch die Frage danach, was passiert, wenn aufgrund eines geistigen oder körperlichen Gebrechens plötzlich die berufliche Tätigkeit nicht mehr ausgeübt werden kann. Durch eine Berufsunfähigkeit bzw. längere Arbeitsunfähigkeit wird – bei fehlender Vorsorge – das Haushaltseinkommen stark geschmälert und mögliche Altersvorsorgebeiträge können dadurch nicht mehr entrichtet werden. In Kapitel 4.1.5 „Unfallversicherung (mit Beitragsrückgewähr)", Rezeptur „Die Beitragssicherungspolice fürs Alter", haben Sie bereits einen ersten Hinweis auf diese Problematik bekommen und Ihren Kunden gegebenenfalls schon in der Praxis darauf hingewiesen.

An dieser Stelle ein weiterer wichtiger Hinweis: Um eine bedarfsgerechte Beratung sicherzustellen, sollten Sie mit den fachlichen Hintergründen der gesetzlichen Absicherung vertraut sein. Hier empfiehlt sich wieder ein entsprechendes Selbststudium oder die fachliche Weiterbildung innerhalb Ihres Unternehmens. In diesem Zusammenhang sind insbesondere das 3-Schichten-Modell der Altersversorgung mit den unterschiedlichen steuerlichen Auswirkungen sowie die Voraussetzungen zum Erhalt einer Erwerbsminderungsrente in der gesetzlichen Rentenversicherung gemeint. Daneben sollten Sie selbstverständlich die in Kapitel 3 „Weiße Magie – die Grundsätze guter Verkaufsmagier" genannten Regeln zum guten Verkauf beherzigen.

Die Zaubersprüche für Personenversicherungen

In den kommenden Abschnitten werden Ihnen Zaubersprüche zur staatlich geförderten Altersvorsorge sowie zum Thema Berufsunfähigkeitsversicherung und Krankenversicherung gegeben. Da auch das Eigenheim zur Altersvorsorge dienen kann, erhalten Sie zusätzlich in Kapitel 4.3 noch eine Rezeptur zum Thema Finanzierung.

Vor sämtlichen Rezepturen geben wir Ihnen die dafür wichtigsten Fachinformationen. Dennoch ist eine anderweitige ausführliche fachliche Weiterbildung zur Sicherstellung einer qualifizierten Beratung unabdingbar.

4.2.2 Riester

Die Riester-Rente ist eine staatlich geförderte Altersvorsorge und sollte Bestandteil eines jeden Altersvorsorgekonzeptes sein. An dieser Stelle möchten wir Sie darauf hinweisen, dass die unten aufgeführten Verkaufsgespräche auf Arbeitnehmer – also Pflichtversicherte in der Deutschen Rentenversicherung (DRV) – abzielen. Hier die wichtigsten Fakten, die für die Riester-Rente erforderlich sind:

Fachinfo

Frage	Antwort
Wer ist unmittelbar förderberechtigt? (Der unmittelbar Förderberechtigte kann alleine einen Riester-Vertrag abschließen und durch Eigenbeiträge die Förderung erhalten.)	– Pflichtversicherte in der DRV (i.d.R. Arbeitnehmer) – Beamte – Richter – Berufssoldaten – Wehr- und Zivildienstleistende – Pflichtversicherte Landwirte – Kindererziehende (während bei der DRV anrechenbarer Kindererziehungszeiten)

Fachinfo

Frage	Antwort
Wer ist mittelbar förderberechtigt? (Der mittelbar Förderberechtigte erhält eine Förderung nur, wenn sein unmittelbar förderberechtigter Ehegatte auch einen Riester-Vertrag hat, oder gleichzeitig abschließt. Eigenbeiträge können geleistet werden. Aus einer Pressemitteilung vom 04.05.2011 durch das Bundesministerium der Finanzen geht hervor, dass auch mittelbar Förderberechtigte ab 2012 einen Eigenbeitrag von 60 € leisten sollen. Unsere Verkaufsrezepturen bleiben davon allerdings aufgrund unserer Grundsätze unberührt.)	– Ehegatten von unmittelbar Förderberechtigten, auch wenn sie selbst nicht förderberechtigt wären, aber einen eigenen Riester-Vertrag haben
Wie hoch ist der Beitrag für einen unmittelbar Förderberechtigten?	Der Mindesteigenbeitrag zur Riester-Rente berechnet sich nach Abschnitt XI § 86 i.V. §§84, 85 EStG nach folgender Formel: 4 Prozent des rentenversicherungspflichtigen Vorjahreseinkommens vermindert um die zu erwartenden Zulagen entspricht dem Mindesteigenbeitrag. Mindestens sind jedoch 60 € pro Jahr (Sockelbeitrag) zu entrichten.
Wie hoch ist die Förderung durch Zulagen für:	Sofern der Mindesteigenbeitrag gezahlt wird:

Fachinfo

Frage	Antwort
Erwachsene?	154 €
Junge Erwachsene bis 25 Jahre?	154 € zzgl. einmalig 200 € „Starterbonus"
Kinder vor 2008 geboren?	185 €
Kinder ab 2008 geboren?	300 €
Wie hoch ist die Steuerabzugsfähigkeit der Beiträge?	100 % abzugsfähig abzgl. geflossener Zulagen

An dieser Stelle noch weitere Grundsätze zu diesem Thema:

- Sprechen Sie jeden Kunden auf eine Riester-Rente an.

Viele Bürger und Verkäufer haben die Vorteile der Riesterförderung noch nicht für sich erkannt.

Sie als Verkäufer werden also oft die Aussage hören: *„Das lohnt sich für mich nicht!"*. Hier sollte Ihr Ehrgeiz geweckt werden. Hier beginnt doch erst der Spaß! Mal ganz ehrlich, ist Ihnen jemals ein Kunde über den Weg gelaufen, der eine Förderquote von unter 20 Prozent zu erwarten hatte? – Wohl eher nicht! Lassen Sie sich deshalb nie abwimmeln.

- Immer runde Beiträge verkaufen.

Bei der Berechnung des monatlichen Mindesteigenbeitrags runden Sie grundsätzlich auf die nächsten vollen fünf Euro auf. Dies erreichen Sie durch einfaches Nachfragen:

„62,38 € ist ja ein ganz schön krummer Beitrag. Wollen wir den nicht auf 65 € aufrunden?"

Für gewöhnlich gibt es hier keinerlei Einwände.

- Immer mindestens 10 € Monatsbeitrag verkaufen.

Jeder Sparer kann und sollte mindestens 10 € Beitrag leisten! Dies hat folgende Gründe:

- Das Verhältnis von Beitrag und Zulage muss stimmen! Bekommt beispielsweise ein Arbeitslosengeld II – Empfänger bei einem Beitrag von 60 € jährlich eine Zulage von 154 €, so beträgt das Verhältnis 1: 2,567 (also eine Förderquote von 256,7 Prozent). Zu gut, um wahr zu sein – meinen Sie nicht auch? Dieser Kunde wird Ihnen im Zweifel nicht glauben: „Da muss doch irgendwo ein Haken sein!". Und möglicherweise wird er bei Ihnen aufgrund dieser Zweifel keinen Antrag unterschreiben.

- Bei der Riester-Rente handelt es sich immer noch um das Thema Altersvorsorge – wenn auch in diesem Fall auf einem niedrigem Niveau. Es sollte doch zum Beginn des Rentenbezugs auch eine „anständige" Rente heraus kommen. Dies gilt es nicht zu vergessen!

- Wer bezahlt diese Zulage tatsächlich? Der Steuerzahler – also letztendlich Sie. Finden Sie nicht auch, dass derjenige, der solch eine hohe Förderung bekommt auch noch etwas dazu leisten sollte?

- Ihr Auto fährt (noch) nicht mit Wasser! Mit anderen Worten: Ihre (Arbeits-)Zeit kostet Geld. Also muss Ihre, für die Beratung eingesetzte Arbeitszeit, entsprechend bezahlt werden. 10 € Beitrag bedeutet für Sie mehr Umsatz als 5 € Beitrag.

- Es gibt auf dem deutschen Versicherungsmarkt Unternehmen, die bei Riester-Verträgen einen tariflichen Mindestbeitrag von 10 € monatlich vorschreiben. Anträge die nicht auf mindestens 10 € Monatsbeitrag lauten, werden nicht policiert. Und diese Unternehmen schreiben dadurch nicht einen Vertrag weniger als andere! Warum sollten also Sie dadurch weniger Stücke verkaufen?

Nachdem Sie nun die wichtigsten Fachinformationen sowie die Grundsätze zur Riester-Rente gelesen haben, erhalten Sie jetzt direkt entsprechende Verkaufsrezepte.

Die Zaubersprüche für Personenversicherungen

Rezeptur „Pack` den Kunden bei seiner Ehre"

Wirkung: Dem Kunden die Riester-Rente so erklären, dass dieser sofort abschließt.

Zutaten:

- die 11 Grundregeln für Verkaufsmagier

- Zauberspruch

- Zauberstab

  - Name: Ast
  - Familienstand: verheiratet
  - Einkommen Herr Ast: 35.000 €
  - Einkommen Frau Ast: 0 € (Hausfrau)
  - Kind 1: Adam (geboren vor 2008)
  - Kind 2: Eva (geboren vor 2008)

Der Zauberspruch kann beginnen:

 *„Herr Ast, Sie sind doch Arbeitnehmer?"*

Herr Ast: *„Das ist richtig."*

 Männchen malen und „AN" oder den Namen des Kunden darunter schreiben.

 *„Und jeder Arbeitnehmer zahlt jeden Monat Beiträge zur gesetzlichen Rentenversicherung, richtig?"*

 Nachdem Sie die Worte „gesetzliche Rentenversicherung" gesprochen haben, zeichnen Sie ein Quadrat rechts neben das Männchen und beschriften dieses mit „GRV (ZFA)". Verbinden Sie das Quadrat und das Männchen mit einem Pfeil, den Sie mit „Beiträge" beschriften.

Die Zaubersprüche für Personenversicherungen

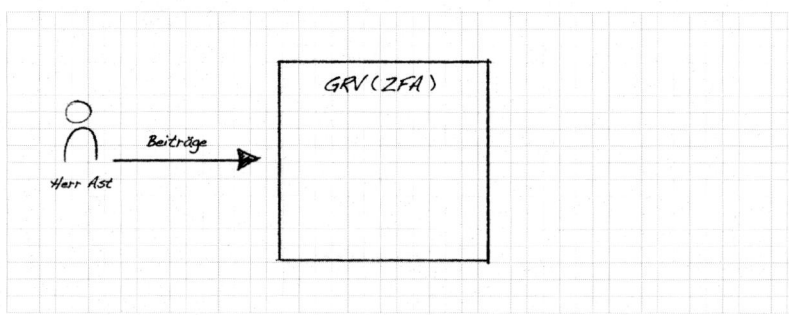

 „Das sehen Sie ja auch monatlich auf Ihrer Gehaltsabrechnung. Und Ihr Arbeitgeber zahlt dasselbe noch mal oben drauf!"

 „AG" schreiben und Pfeil zu „Beiträge" ziehen

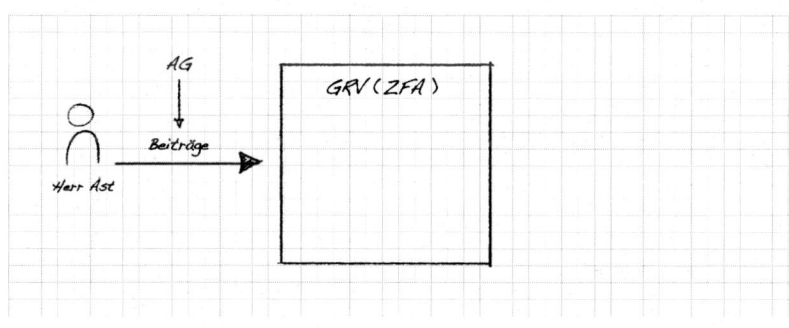

 „Herr Ast, was macht die GRV dann mit diesen Beiträgen?"

Antwort unbedingt abwarten

Antwort 1: *„Die GRV spart das für meine Rente!"*

 *„Das ist leider nicht ganz richtig"*, ...

Antwort 2: *„Die GRV zahlt den heutigen Rentnern davon die Rente!"*

 *„Richtig",... „sie spart das Geld nicht für Ihre Rente, sondern zahlt das Geld direkt an die Rentner aus – und die freuen sich!"*

 „Rentner" zeichnen und Pfeil von GRV zu Rentnern ziehen und „Rente" dazu schreiben.

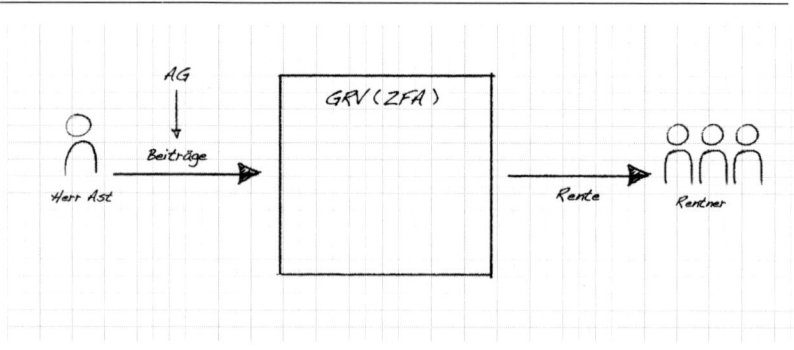

 *„Und Vater Staat tut auch noch was dazu."*

 „Staat" schreiben und Pfeil zu „Rente" ziehen.

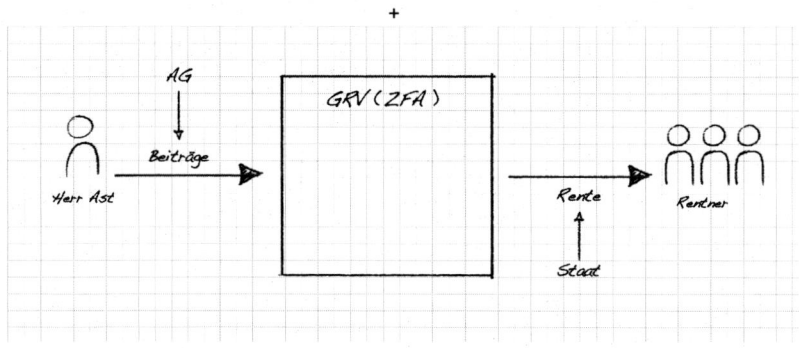

 „Seit 2002 ist es nun so, Herr Ast, dass die GRV, genauer gesagt, die Zulagenstelle für Altersvermögen, aber der Einfachheit halber bleiben wir bei GRV, also dass die für jeden AN eine besondere Rückstellung und zwar in Höhe von 154 € für jeden Erwachsenen und 185 € bzw. 300 € für jedes kindergeldberechtigte Kind bereithalten muss. Das bedeutet also in Ihrem Fall: 154 € für Sie, 154 € für Ihre Frau, 185 € für Ihren Sohn Adam und 185 € für Ihre kleine Tochter Eva."

 Beträge unter „GRV" notieren, einmal unterstreichen, addieren und Gesamtsumme doppelt unterstreichen.

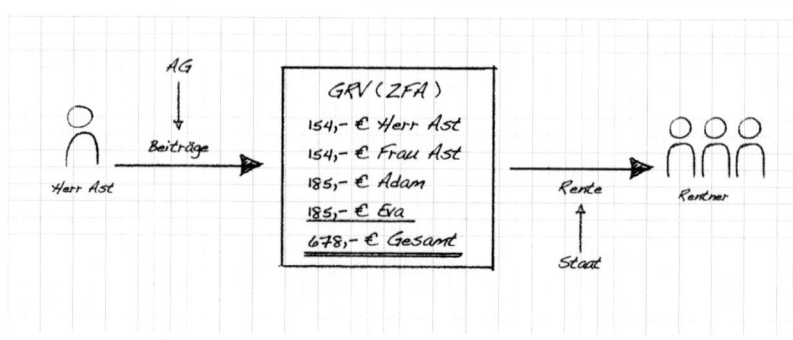

„Das macht gesamt 678 €!" (kurze Pause) „Diese besondere Rückstellung wird aber nur bis zum 31.12. eines jeden Jahres bereitgehalten."

„31.12." unter die Zulagensumme schreiben.

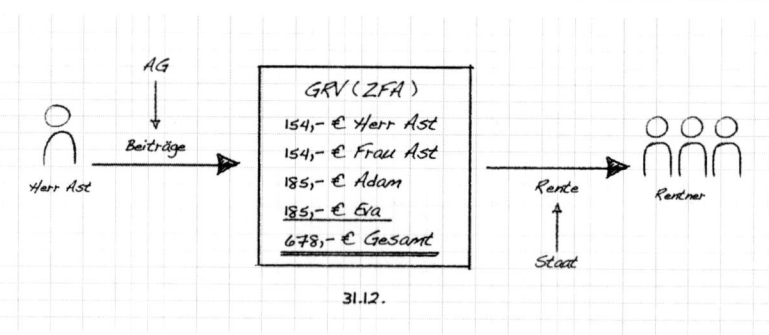

„Herr Ast, wir haben jetzt zwei Möglichkeiten: Erstens, nach dem 31.12. wird diese Rückstellung an die Rentner ausgezahlt – und die freuen sich wieder!"

Die Zaubersprüche für Personenversicherungen

 Pfeil von dem Quadrat mit den Zulagen zu „Rentner" ziehen und „So?" dazuschreiben.

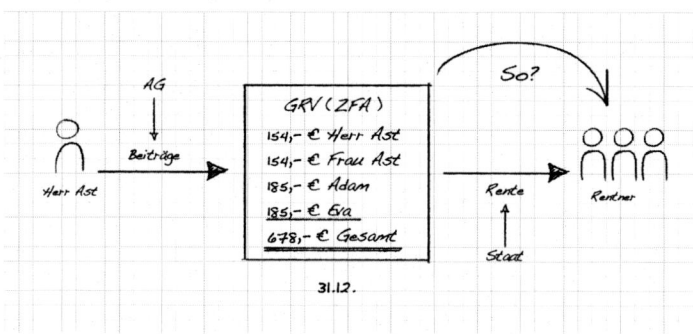

 „Oder wir beantragen die Rücküberweisung auf einen eigenen Sparvertrag!"

 Pfeil von der Zulagensumme zu „AN" ziehen und „Oder So!" dazuschreiben.

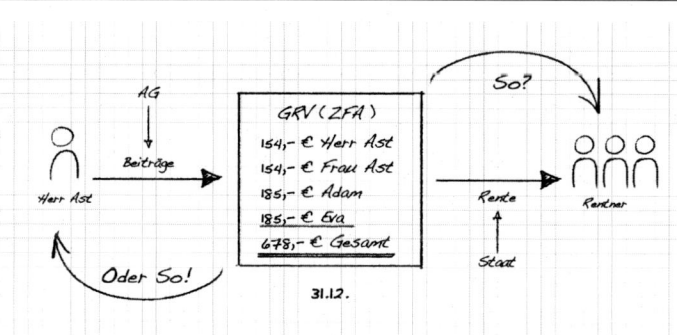

🎵 *„Herr Ast – wer hat dieses Geld eingezahlt?"*

(Antwort abwarten!!!)

🎵 *„Richtig, es ist das eigene Geld! Es ist also Ihr Geld, das Monat für Monat auf dieses Rückstellungskonto eingezahlt wird."*

Und nun der wichtigste Satz des gesamten Zauberspruchs:

🎵 *„Und jetzt mal Hand auf's Herz..."*

Legen Sie tatsächlich Ihre Hand auf Ihr Herz. Während Sie den Zauberspruch aufsagen, gehen Sie mit dem Zauberstab den Weg vom Quadrat mit der Zulagensumme über „GRV" zu „Herr Ast" – ohne zu zeichnen!

🎵 *„Wie würden Sie jemanden bezeichnen, der sich das Geld, welches er selbst eingezahlt hat, nicht zurückholt?"*

(Antwort abwarten!!!)

„Richtig, ein ... – milde ausgedrückt – deshalb sprechen wir miteinander, denn Sie können einen Antrag gem. § 10a EStG stellen, so dass das Guthaben auf Ihren eigenen Sparvertrag überwiesen wird! Stellen Sie den Antrag nicht – verfällt Ihr Guthaben. Wie genau das funktioniert, schauen wir uns jetzt gemeinsam an."

Berechnen Sie anhand der gesetzlichen Formel den individuellen Beitrag Ihres Kunden abzüglich Zulagen und schreiben den Jahreseigenbeitrag unter die erstellte Zeichnung. Bitte beachten Sie in diesem Moment auch den Grundsatz:

„Immer runde Beiträge verkaufen" und runden den Monatsbeitrag entsprechend auf volle 5 € auf.

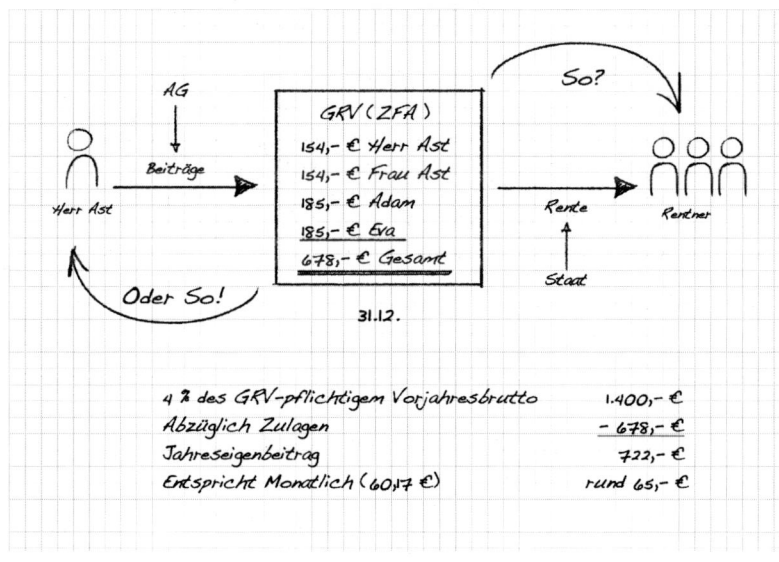

Die Erfahrung hat gezeigt, dass sich der Kunde während dieses Zauberspruchs sehr stark auf Ihre Worte und die Zeichnung konzentriert, sodass er Ihnen keinerlei Fragen stellen wird. Hier ist es Ihre Aufgabe ihn wieder zu aktivieren.

„Abschließend erwarte ich von Ihnen noch eine Frage!"

Ihr Kunde wird nicht verstehen worauf Sie hinaus wollen, für ihn war das doch eine runde Sache!

„Wollen Sie denn gar nicht wissen, wie viel Sie unterm Strich letztendlich an Altersrente erwarten dürfen?"

Das möchte er jetzt bestimmt.

„Das werde ich Ihnen gleich sagen. Damit das Ganze jedoch funktioniert, ist es zwingend notwendig, dass die Zulagen für Ihre Frau und Kinder auf einen eigenen Sparvertrag fließen. Für diesen ist grundsätzlich kein Eigenbeitrag zu leisten. Jedoch bin ich der Meinung, dass dort auch ein kleiner Beitrag, zum Beispiel 10 €, eingezahlt werden sollte, damit auch Ihre Frau eine höhere Altersrente erwarten darf. Meinen Sie nicht auch, Frau Ast?"

(Sofern ab 2012 tatsächlich auch für mittelbar Zulagenberechtigte ein Eigenbeitrag in Höhe von 5 € monatlich zu leisten ist, ändern Sie Ihren Zauberspruch bitte entsprechend ab.)

An dieser Stelle geben Sie die Daten in Ihren Tarifrechner ein. Nennen Sie dem Ehepaar in Summe beider Angebote die Garantie- und die Gesamtrente.

 „Ab wann möchten Sie sich Ihr Geld zurückholen? Ab dem nächsten Ersten, oder rückwirkend zum 01.01. diesen Jahres?"

Wenn Sie diesen Zauberspruch ordentlich angewandt haben, sollten Sie nun zwei Anträge zur Riester-Rente mit gesamt 75 € (65 € von Herrn Ast und 10 € von Frau Ast) als Erfolg verbuchen können. Ihr Kunde hat keinen Grund mehr den Vertrag nicht sofort bei Ihnen abzuschließen. Er hat Ihnen nun ja auch schon gesagt, dass jemand, der sein eigenes Geld nicht wieder zurückholt, ein ... ist. Sie können dies Ihrem Kunden bei einer möglichen Weigerung auch gerne noch einmal sagen. Ihr Kunde wird sich nicht die Blöße geben, nicht zu unterschreiben.

Sie werden jedoch nicht nur Ehepaare mit Kindern beraten, sondern auch Singles. Daher hier noch eine kleine Variation der Zauberformel für diese Zielgruppe.

Die folgenden Kundendaten haben wir für dieses Beispiel wieder angenommen. Sämtliche Variablen sind auch hier individuell veränderbar:

- Name: Ast
- Familienstand: Single
- Einkommen Herr Ast: 35.000 €

Der Zauberspruch ist grundsätzlich unverändert. Dies hat für Sie den Vorteil, sich nur einen roten Faden merken zu müssen. Zauberspruch und Zauberstab werden wie oben bis zu dieser Zeichnung identisch eingesetzt. Lediglich im Rahmen der Zulagenberechnung verringern sich die Beträge, so dass Ihr Zauberstab die folgende Zeichnung zu Papier gebracht hat.

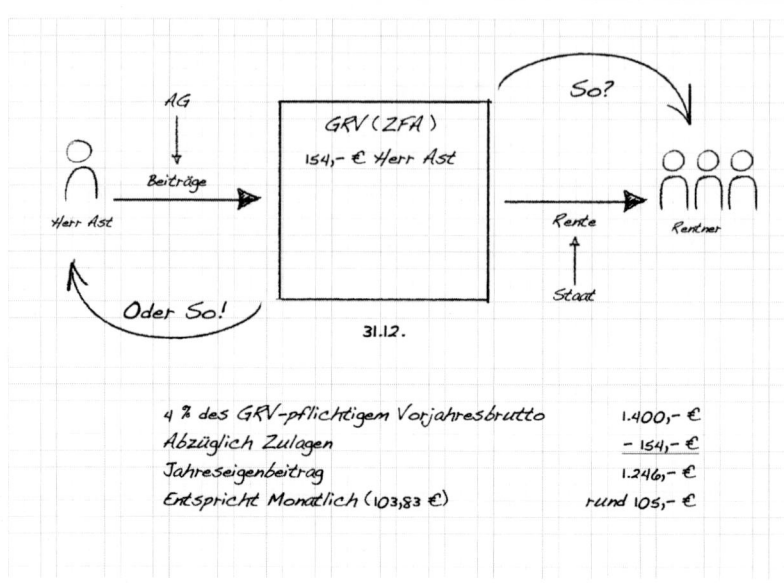

„Herr Ast, ein ‚Bonbon' habe ich aber noch! Den gezahlten Jahresbeitrag von 1.246 € können Sie zu einhundert Prozent steuerlich geltend machen! Bei einem angenommenen Grenzsteuersatz von dreißig Prozent bedeutet das für Sie: 30 Prozent von 1.246 € entspricht 374 € abzüglich der bereits gewährten Zulage von 154 €. Unterm Strich können Sie also zusätzlich zur Zulage mit einer Steuererstattung im Rahmen Ihrer Einkommensteuererklärung von ca. 220 € rechnen!"

Schreiben Sie unter die Mindesteigenbeitragsberechnung die steuerliche Ersparnis mit den jeweiligen Zwischenrechnungsschritten.

Die Zaubersprüche für Personenversicherungen

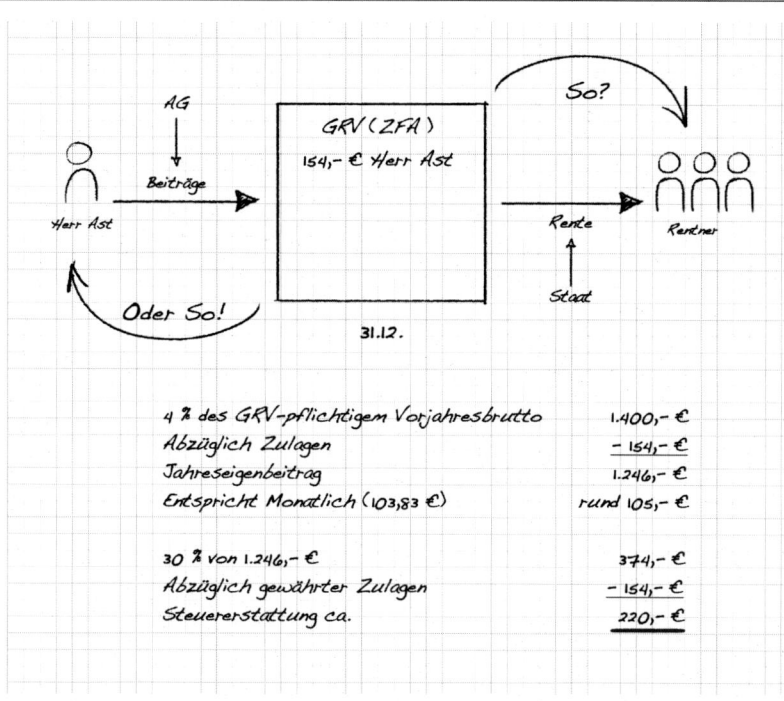

 „Unterm Strich bedeutet das für Sie, bei 105 € monatlichem Sparbeitrag erhalten Sie eine staatliche Förderung von 220 € + 154 € = 374 €! Und das entspricht einer Förderung von dreißig Prozent! Herr Ast, kennen Sie irgendeine Sparform, die Ihnen garantiert dreißig Prozent auf Ihren Sparbeitrag zahlt?"

Hierauf gibt es nur eine Antwort Ihres Kunden: „Nein." Die Zauberformel kann nach dem gewohnten Muster weitergehen.

 *„Abschließend erwarte ich von Ihnen noch eine Frage!"*

Ihr Kunde wird auch hier nicht verstehen worauf Sie hinaus wollen, für ihn war das doch eine runde Sache!

 *„Wollen Sie denn gar nicht wissen, wie viel Sie unterm Strich letztendlich an Altersrente erwarten dürfen?"*

Das möchte er jetzt bestimmt.

An dieser Stelle geben Sie die Daten in Ihren Tarifrechner ein. Nennen Sie dem Kunden die Garantie- und die Gesamtrente.

 *„Ab wann möchten Sie sich Ihr Geld zurückholen? Ab dem nächsten Ersten, oder rückwirkend zum 01.01. diesen Jahres?"*

Wenn Sie diesen Zauberspruch ordentlich angewandt haben, sollten Sie nun einen Antrag zur Riester-Rente mit 105 € als Erfolg verbuchen können. Auch hier können Sie Ihren Kunden noch einmal darauf aufmerksam machen, dass er ein … ist, wenn er sich sein Geld nicht durch einen Antrag bei Ihnen zurückholt.

Die Zaubersprüche für Personenversicherungen

Fachinfo

Rendite / Rentabilität

„Verhältnis einer Erfolgsgröße zum eingesetzten Kapital einer Rechnungsperiode."[30]

Die Rendite gibt also das Verhältnis des Endbetrags zu dem Ursprungsbetrag einer Geldanlage an und wird meist in Prozent und jährlich angegeben.

Renditeberechnung:

Rendite = (Endbetrag − Ursprungsbetrag) x 100 / Ursprungsbetrag

Rezeptur „Griff nach den Sternen"

Wirkung: Dem Kunden die Riester-Rente so erklären, dass dieser sofort abschließt.

Zutaten:

- die 11 Grundregeln für Verkaufsmagier

- Zauberspruch

- Zauberstab

- Name: Ast
- Familienstand: verheiratet
- Einkommen Herr Ast: 35.000 €
- Einkommen Frau Ast: 0 € (Hausfrau)
- Kind 1: Adam (geboren vor 2008)
- Kind 2: Eva (geboren vor 2008)

Der Zauberspruch kann beginnen:

„Herr Ast, ich habe Sie bislang immer so kennen gelernt, dass Sie darauf bedacht waren, immer möglichst viel für Ihr Geld zu erhalten – die Rendite ist Ihnen also wichtig. Liege ich da richtig?"

Herr Ast: *„Das ist richtig."*

Jetzt kommt eine für das gesamte Rezept entscheidende Frage:

„Herr Ast, was ist denn überhaupt Rendite? Sie zahlen irgendwo Geld ein, und bekommen am Ende des Tages auf dieses Geld etwas oben drauf. Ist das Rendite?"

Wenn Sie sich hier die Zustimmung Ihres Kunden abholen, können Sie sicher sein, dass Sie am Ende des Zauberspruchs die Unterschrift erhalten.

Herr Ast: *„Ja, ich könnte es nicht besser ausdrücken."*

„Dann haben wir uns jetzt auf diese Definition geeinigt."

Herr Ast: *„Ja."*

Die Zaubersprüche für Personenversicherungen

 „Gut, wie hoch muss eine sichere Rendite für Sie sein, dass Sie heute bei mir abschließen?"

 Schreiben Sie auf ein leeres Blatt „Rendite".

Herr Ast: „Wie meinen Sie das?"

 „Herr Ast, wenn ich Ihnen ein Produkt anbiete, welches eine bestimmte Höhe an **sicherer** Rendite mit sich bringt, wie hoch muss diese Rendite bemessen sein, damit Sie sofort sagen ‚Das will ich haben!' und noch heute bei mir unterschreiben?"

 Schreiben Sie „SICHER" unter „Rendite".

Herr Ast: „Naja, sichere Anlagen werfen derzeit ja nun wirklich magere Renditen ab."

„Herr Ast, welche Rendite bei einer sicheren Anlage wünschen Sie sich. Nennen Sie mir eine Zahl. Zum Beispiel X Prozent."

Herr Ast: „Naja, fünf Prozent wären schon schön!"

Schreiben Sie mittig neben das Wort „Sicher" die Zahl, die Ihnen Ihr Kunde genannt hat (in diesem Fall 5 %).

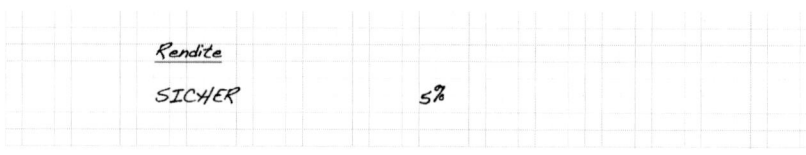

„Herr Ast, in der Vergangenheit waren fünf Prozent doch keine Seltenheit! **Greifen sie nach den Sternen!!!** Ich möchte doch, dass Sie in ein paar Jahren, wenn der normale Zinsmarkt Ihnen wieder fünf Prozent bieten sollte, immer noch glücklich und zufrieden sind, dass Sie bei mir abgeschlossen haben!"

Herr Ast: „Naja, wenn das so ist, dann wünsche ich mir zehn Prozent – aber absolut sicher!"

 Streichen Sie die „5 %" durch und schreiben „10 %" daneben.

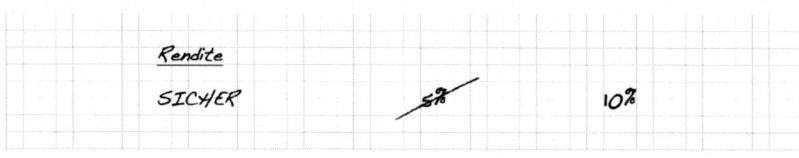

 „Wow 10 %! Das ist wirklich mal eine verdammt sportliche Vorgabe! Da werde ich mich aber ordentlich anstrengen müssen, um das zu schaffen! Zur Berechnung brauche ich bitte Ihr Jahresbrutto – am besten aus Ihrer letzten Dezemberabrechnung."

 Entnehmen Sie aus der Dezemberabrechnung das GRV-pflichtige Jahresbrutto und führen die bekannte Rechnung auf dem Blatt aus.

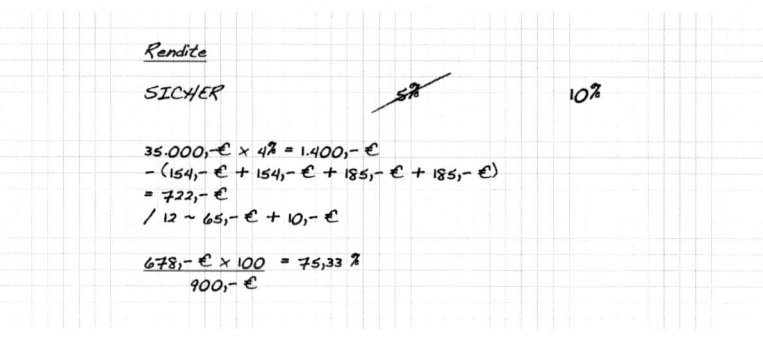

 „Herr Ast, bei einem monatlichen Betrag von 75 €, also 65 € für Sie und 10 € für Ihre Frau, erhalten Sie jährlich eine Förderung von 678 €. Das entspricht einer ‚Rendite' von rund 75 %, Jahr für Jahr garantiert! Und das Beste ist: Die XXX (Ihr Produktgeber) hat mit dem gesamten Geld noch gar nicht gearbeitet, d.h. da kommen dann noch ein paar Zinsen oben drauf!"

Herr Ast: „Das ist ja Wahnsinn! Aber wo kommen denn die 678 € Förderung her?"

 „Das ist die Förderung gemäß § 10a EStG. Im Volksmund leider als Riester-Rente verteufelt."

Herr Ast: „Also wenn das Riester ist, dann verstehe ich die Leute nicht. Ist doch genial!"

„Richtig, Herr Ast! Ich habe Ihnen nun einen Weg gezeigt, wie Sie jährlich SICHERE 10 % Rendite erhalten. Ich habe diese sogar weit übertroffen! Sie haben mir gesagt, wenn ich Ihnen zeige, wie Sie 10 % Rendite generieren, dass Sie dann bei mir unterschreiben. Ich habe meinen Teil eingehalten. Jetzt nehme ich Sie beim Wort. Wann wollen wir den Vertrag beginnen lassen? Zum nächsten Ersten oder rückwirkend zum Jahresbeginn?"

Wenn Sie diesen Zauberspruch ordentlich angewandt haben, sollten Sie nun zwei Anträge zur Riester-Rente mit gesamt 75 € Monatsbeitrag (65 € von Herrn Ast und 10 € von Frau Ast) als Erfolg verbuchen können.

Sie werden jedoch nicht nur Ehepaare mit Kindern beraten, sondern auch Singles. Daher hier noch eine kleine Variation der Zauberformel für diese Zielgruppe.

Die folgenden Kundendaten haben wir für dieses Beispiel wieder angenommen. Sämtliche Variablen sind auch hier individuell veränderbar:

- Name: Ast
- Familienstand: Single
- Einkommen Herr Ast: 35.000 €
  (angenommener Grenzsteuersatz: 30 %)

Der Zauberspruch ist grundsätzlich unverändert. Zauberspruch und Zauberstab werden wie oben bis zu dieser Zeichnung identisch eingesetzt. Lediglich im Rahmen der Zulagenberechnung verringern sich die Beträge, so dass Ihr Zauberstab die folgende Zeichnung zu Papier gebracht hat.

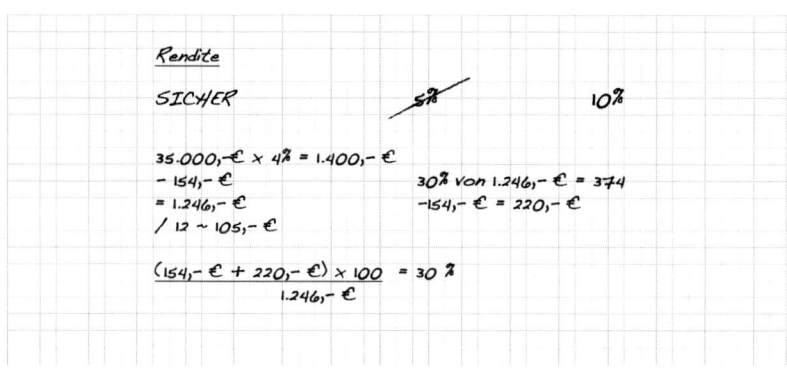

„Herr Ast, bei einem monatlichen Betrag von 105 € erhalten Sie jährlich eine Förderung von circa 374 €, bestehend aus 154 € Zulage und 220 € zusätzlicher Steuerersparnis. Das entspricht einer „Rendite" von rund 30 %, Jahr für Jahr garantiert! Und das Beste ist: Die XXX (Ihr Produktgeber) hat mit dem gesamten Geld noch gar nicht gearbeitet, d.h. da kommen dann noch ein paar Zinsen oben drauf!"

Herr Ast: „Das ist ja Wahnsinn! Aber wo kommen denn die 678 € Förderung her?"

„Das ist die Förderung gemäß § 10a EStG. Im Volksmund leider als Riester-Rente verteufelt."

Herr Ast: „Also wenn das Riester ist, dann verstehe ich die Leute nicht – ist doch genial!"

„Richtig, Herr Ast! Ich habe Ihnen nun einen Weg gezeigt, wie Sie jährlich SICHERE 10 % Rendite erhalten. Ich habe diese sogar weit übertroffen! Sie haben mir gesagt, wenn ich Ihnen zeige, wie Sie 10 % Rendite generieren, dass Sie dann bei mir unterschreiben. Ich habe meinen Teil eingehalten. Jetzt nehme ich Sie beim Wort. Wann wollen wir den Vertrag beginnen lassen? Zum nächsten Ersten oder rückwirkend zum Jahresbeginn?"

Wenn Sie diesen Zauberspruch ordentlich angewandt haben, sollten Sie nun einen Antrag zur Riester-Rente mit 105 € Monatsbeitrag als Erfolg verbuchen können.

4.2.3 Vermögenswirksame Leistungen in bAV

Fachinfo

Die betriebliche Altersversorgung (bAV) ist im BetrAVG geregelt und besagt, dass ein Arbeitnehmer (AN) Teile seines Bruttoeinkommens – bis zu 4 % der Beitragsbemessungsgrenze West der gesetzlichen Rentenversicherung – steuer- und sozialversicherungsfrei in einen Altersvorsorgevertrag umwandeln kann. Hinzu kommt unter Umständen ein steuerfreier Betrag von maximal 1.800 €.

Zu diesen umwandelbaren Entgeltbestandteilen gehören auch Vermögenswirksame Leistungen (VL). VL sind per Arbeits- oder Tarifvertrag vereinbarte Geldleistungen des Arbeitgebers, die direkt auf ein Anlagekonto des Arbeitnehmers überwiesen werden. Zur Gewährung der VL sind unter anderem folgende Anlageformen zulässig:

– Bausparvertrag
– Lebensversicherung
– Investmentfonds

Daneben hat ein Arbeitnehmer Anspruch auf Arbeitnehmersparzulage, die gezahlt wird, sofern das zu versteuernde Einkommen per anno folgende Beträge (Stand 2011) nicht übersteigt:

– 20.000 € bei Alleinstehenden
– 40.000 € bei Zusammenveranlagung von Ehegatten

bzw. bei Anlagen für wohnungswirtschaftliche Zwecke

– 17.900 € bei Alleinstehenden
– 35.800 € bei Zusammenveranlagung von Ehegatten

Die Höhe der Arbeitnehmersparzulage ist abhängig von der Sparform, die durch den Arbeitnehmer gewählt wird, und von der Höhe der VL.

Die meist verbreitete Sparform ist der Bausparvertrag, für den es 9 % der VL (max. 470 € jährlich) in Form der Arbeitnehmersparzulage zusätzlich gibt.

> **Fachinfo**
>
> Bei der Wahl des Bausparvertrages als Anlageform hat der Arbeitnehmer zusätzlich unter Umständen Anspruch auf Wohnungsbauprämie. Die Wohnungsbauprämie ist eine staatliche Subvention als Säule der Wohnungsbauförderung und beträgt 8,8 % der Bausparbeiträge, sofern diese im Kalenderjahr mindestens 50 € betragen (max. 512 € für Ledige / 1.024 € für Verheiratete jährlich). Auch hier dürfen bestimmte Einkommensgrenzen nicht überschritten werden (Stand 2011):
>
> – 25.600 € bei Alleinstehenden
> – 51.200 € bei Zusammenveranlagung von Ehegatten
>
> VL sind als Entgeltbestandteil immer steuer- und sozialversicherungspflichtig und mindern daher das Nettogehalt des Arbeitnehmers. Sie können aber auch in eine bAV eingesetzt werden, so dass die VL dann entsprechend der oben genannten Regelung steuer- und sozialversicherungsfrei sind. Im Rahmen der bAV werden die VL dann in eine Direktversicherung, Pensionskasse oder Pensionsfonds eingezahlt.

Auch an dieser Stelle der Hinweis: Um eine bedarfsgerechte Beratung sicherzustellen, sollten Sie mit den fachlichen Hintergründen der bAV sowie zu den VL vertraut sein. Hier empfiehlt sich wieder ein entsprechendes Selbststudium oder die fachliche Weiterbildung innerhalb Ihres Unternehmens.

Die Zaubersprüche für Personenversicherungen

Rezeptur „Pack den Turbo aus!"

Wirkung: Der Kunde wird die klassische Anlage der vermögenswirksamen Leistungen beenden und diese in die bAV einzahlen.

Zutaten:

- ■ die 11 Grundregeln für Verkaufsmagier

- ■ Zauberspruch

- ■ Zauberstab

  – Name: Ast
  – Alter: 30
  – Stellung im Beruf: angestellt
  – Familienstand: Single
  – Einkommen: 24.000 € p.a.
  – Anlageform VL: Bausparvertrag
  – VL: 40 €

Der Zauberspruch kann beginnen:

 „Herr Ast, Sie sind doch Arbeitnehmer, richtig? Bekommen Sie denn wie viele andere Arbeitnehmer auch vermögenswirksame Leistungen?"

Herr Ast: „Ja."

 „Herr Ast, verwenden Sie Ihre vermögenswirksamen Leistungen wie viele andere Arbeitnehmer auch noch auf die althergebrachte Weise, das bedeutet für die klassische Lebensversicherung, den Bausparvertrag oder den Banksparplan? Oder wollen wir allmählich den VL-Turbo einschalten?"

Herr Ast: „Ja, in einen Bausparvertrag. Aber was für einen Turbo? Wenn es mir mehr bringt, sicherlich!"

 „Sehen Sie, bislang sparen Sie 40 € VL in einem Bausparvertrag."

 Schreiben Sie mit Ihrem Zauberstab „Klassische VL" links auf ein leeres Blatt Papier und etwas tiefer mittig „40 €", sowie einen Pfeil von den „40 €" nach links-unten.

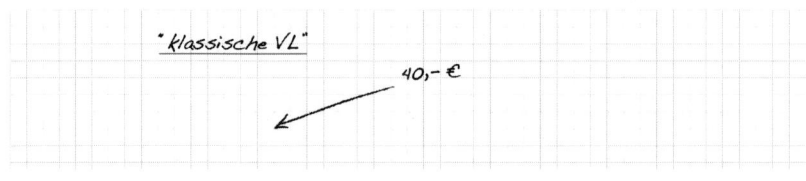

 „Wie hoch ist denn die staatliche Förderung, die Sie auf den Bausparvertrag bekommen?"

Warten Sie die Antwort ab. In der Regel wird aber keine Antwort kommen, da der Kunde diese nicht weiß.

„Sie erfüllen die Vorraussetzung für 8,8 % Förderung (Wohnungsbauprämie). Das sind im Monat 3,52 €."

Schreiben Sie mit Ihrem Zauberstab mittig unter die „40 €", etwas unterhalb der Pfeilspitze „staatliche Förderung" und unter die Pfeilspitze „3,52 €".

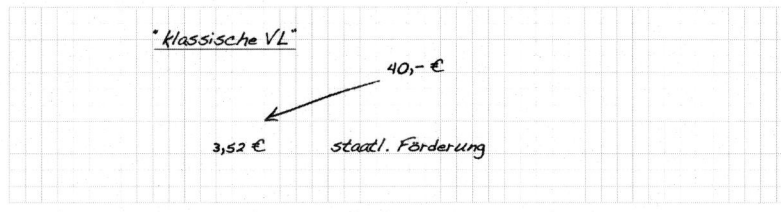

„Herr Ast, wie hoch sind denn die Zinsen, die man üblicherweise bei einem Bausparvertrag bekommt?"

Herr Ast: „So circa 1,5%!?"

Warten Sie wieder die Antwort ab und schreiben unter „staatliche Förderung" „Zins" und unter „3,52 €" den Zinssatz, den der Kunde Ihnen nennt. In der Regel wird der Zins zwischen 1 % und 2 % liegen.

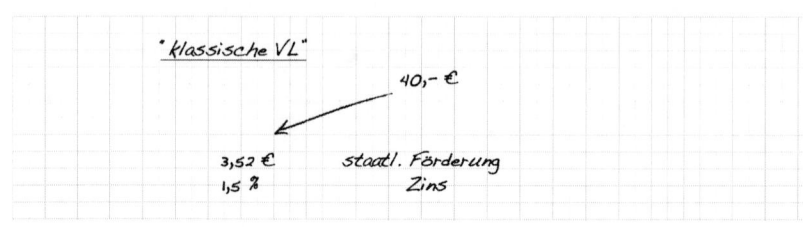

 „Herr Ast, gibt es bei Ihrem Bausparvertrag am Ende auch noch einen Bonus, wenn man kein Bauspardarlehen beantragt? Und wenn ja, in welcher Höhe?"

Herr Ast: „Ich bin mir nicht sicher, aber ich glaube schon."

 „Gut, in der Regel bekommt man noch mal 1 % Bonus."

 Schreiben Sie mit Ihrem Zauberstab unter „Zins" das Wort „Bonus" und unter „1,5 %" den vom Kunden genannten Prozentsatz. Sofern er keinen Prozentsatz nennt, nehmen Sie den oben genannten mit 1 %.

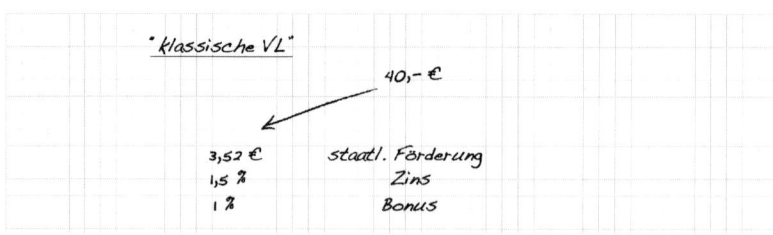

Die Zaubersprüche für Personenversicherungen

„Nach sieben Jahren kommt aus dem Bausparvertrag dann eine Summe von circa 3.600 € zur Auszahlung!"

Unterstreichen Sie „1 %", schreiben mit ein wenig Abstand „3.600 €" darunter und unter „Bonus" mit dem gleichen Abstand „7 Jahre".

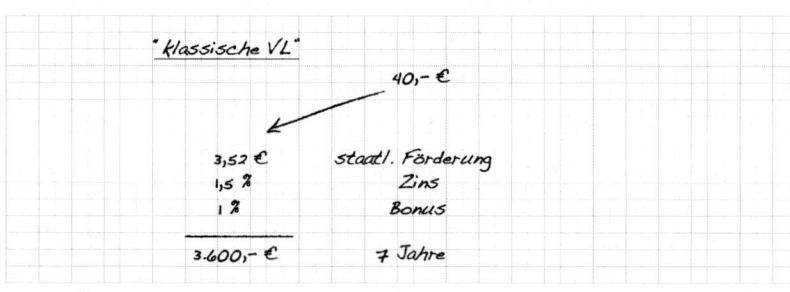

„Kurz bevor Ihr Bausparvertrag ausgezahlt wird, ruft in der Regel Ihre Bank Sie an und weist Sie darauf hin. Im selben Atemzug berät Sie der oder die Banker/in zur Wiederanlage Ihrer Vermögenswirksamen Leistungen, damit Ihnen kein Geld verloren geht. – Richtig?"

Herr Ast: „Ja, das ist richtig. Ich bin auch froh, dass er/sie anruft, weil ich es sonst vergessen würde."

„Also machen Sie wieder einen Bausparvertrag über sieben Jahre, richtig?"

Herr Ast: „Ja!"

 „Das Ganze macht ein 30-jähriger Arbeitnehmer, so wie Sie, also bis zu seiner Rente im Schnitt noch fünfmal."

Herr Ast: „Ja, wenn der Arbeitgeber diese zahlt, selbstverständlich!"

 Schreiben Sie mit Ihrem Zauberstab wieder mit etwas Abstand unter die „3.600 €" „5 X" und unter „7 Jahre" mit dem gleichen Abstand „35 Jahre".

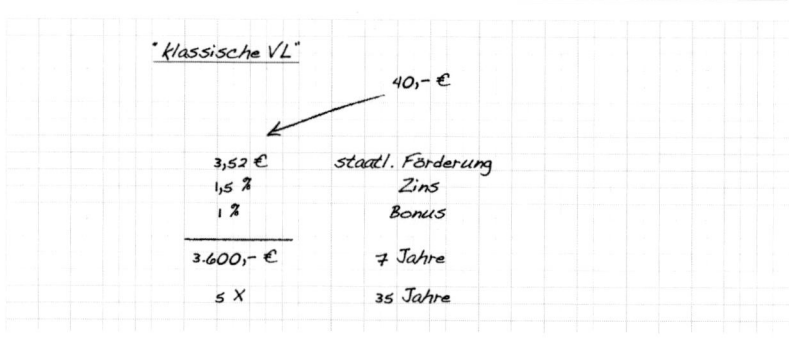

 „Unter'm Strich erhalten Sie also im Schnitt 5 x 3.600 € aus der Anlage Ihrer Vermögenswirksamen Leistungen. Das macht dann insgesamt 18.000 €."

 Unterstreichen Sie mit Ihrem Zauberstab die „5 X" und schreiben „18.000 €" darunter – wenn möglich etwas fetter.

Die Zaubersprüche für Personenversicherungen

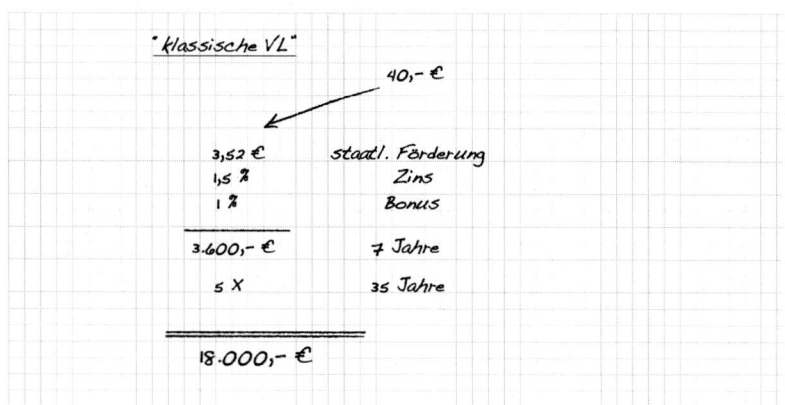

„Nun möchte ich Ihnen einmal zeigen, was ein Arbeitnehmer mit der Turbo-VL bekommt."

Schreiben Sie auf die rechte Seite des Blattes „Turbo-VL" und ziehen einen Pfeil von den „40 €" nach rechts-unten, etwa bis zur Höhe der staatlichen Förderung.

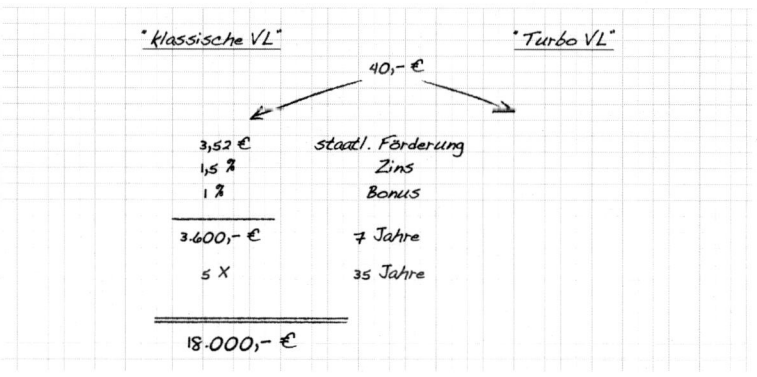

„Bei der ‚Turbo-VL' bekommt ein Arbeitnehmer im Schnitt 40 € staatliche Förderung im Monat."

Schreiben Sie unter die Pfeilspitze „40 €".

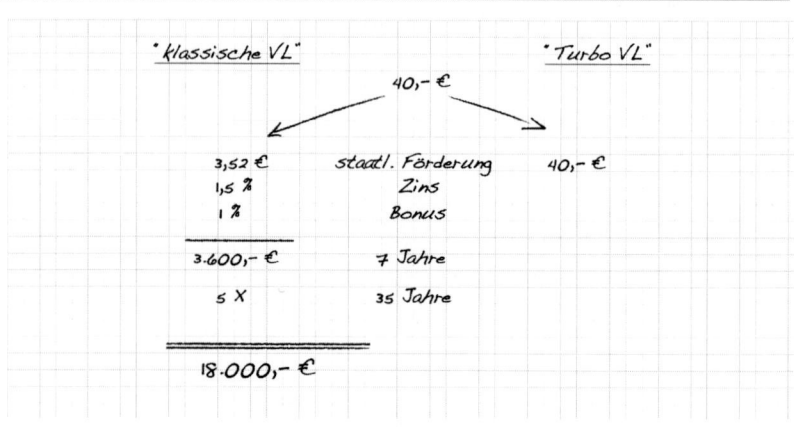

„Dazu kommt ein Zins von 2,25 %. Und ein variabler Bonus von derzeit 2,5 %."

Schreiben Sie die Zinssätze auf die rechte Seite neben „Zins" und „Bonus".

Die Zaubersprüche für Personenversicherungen

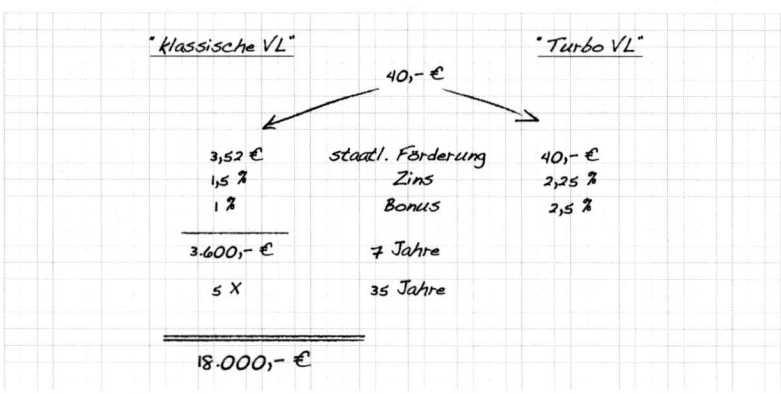

Anmerkung: Passen Sie den gesetzlichen Rechnungszins und den Überschussanteil – ausgedrückt in Prozent – bitte den rechtlichen Grundlagen und der Überschusssituation Ihres Unternehmens an!

„Nach der gleichen Laufzeit wie bei Ihren Bausparverträgen kommt es hier nun zu einer Auszahlung von ca. 65.000 €!"

Zeichnen Sie nun rechts eine doppelte Unterstreichung auf derselben Höhe wie links über „18.000 €" und schreiben „65.000 €" darunter.

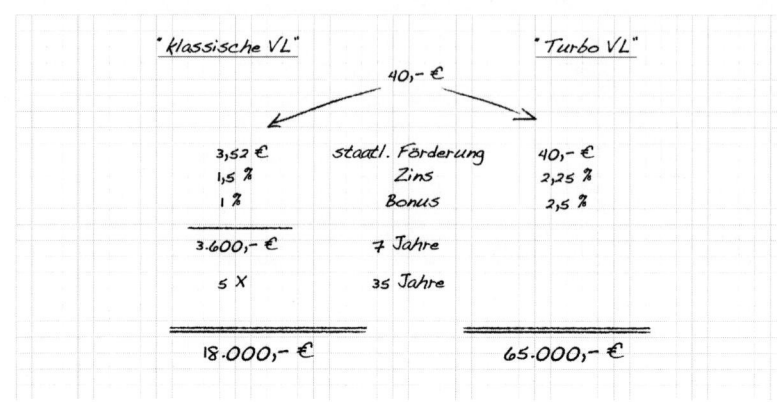

„Das sind also bei der Turbo-Variante gut 47.000 € mehr! Herr Ast, eine letzte Frage: Wann wollen wir den Turbo bei Ihnen starten?"

Schreiben Sie nun mittig mit etwas Abstand unter „35 Jahre" „47.000 €", wenn möglich etwas fetter.

Die Zaubersprüche für Personenversicherungen

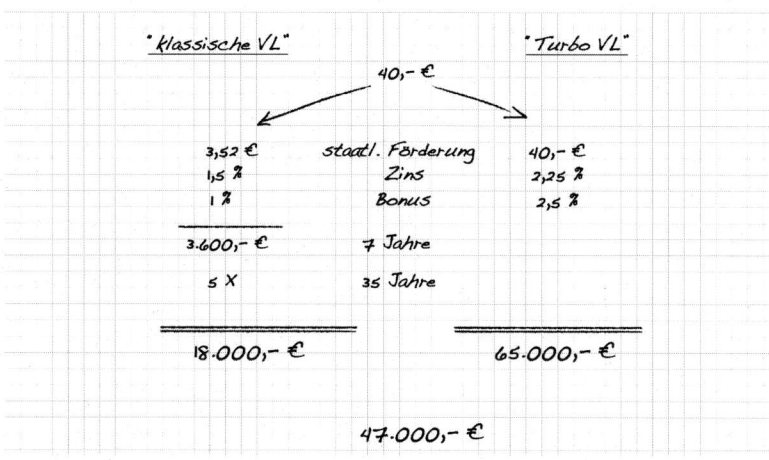

Im Vergleich zur kapitalbildenden Lebensversicherung als VL-Anlagenkonto müssen Sie die Zahlen entsprechend anpassen. Ihre Zeichnung sollte dann wie folgt aussehen:

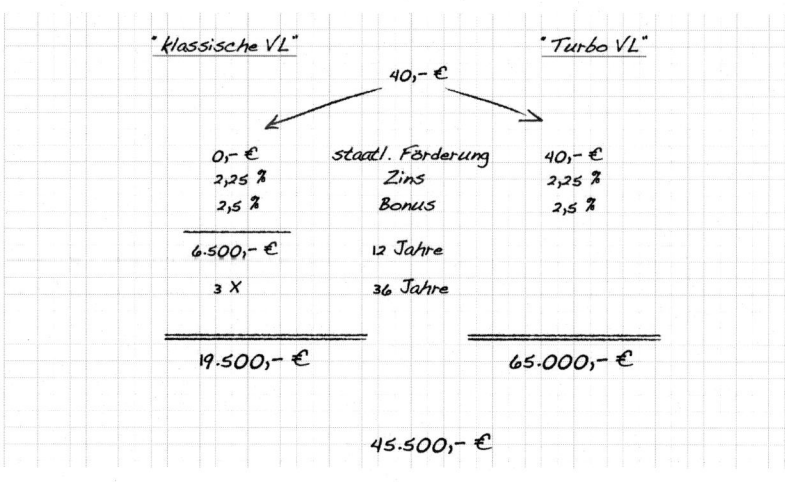

Ihr Kunde sollte nun dem „Turbo" zustimmen. Es gibt keinen Grund, hier nicht zu beschleunigen!

4.2.4 Berufsunfähigkeitsversicherung

Fachinfo

Jeder zweite Erwerbstätige in Deutschland hat keine private BU-Vorsorge. Gleichzeitig scheidet jeder vierte der rund 39 Millionen Erwerbstätigen vorzeitig aus dem Erwerbsleben aus.[31]

Wer die allgemeine Wartezeit in der gesetzlichen Rentenversicherung (GRV) und in den letzten fünf Jahren vor Eintritt der Erwerbsminderung (EM), 36 Monate mit Pflichtbeiträgen belegt hat, bekommt im Fall der EM eine EM-Rente (Geborene ab 01.01.1961). Die Rente richtet sich nach der verbliebenen Leistungsfähigkeit:

- Wer weniger als drei Stunden arbeiten kann, bekommt eine volle Rente.
- Wer mindestens drei, aber weniger als sechs Stunden arbeiten kann, bekommt eine halbe Rente.

Beachten Sie die steuerlichen Aspekte von abgekürzten Leibrenten gemäß EStG.

Auch an dieser Stelle der Hinweis: Um eine bedarfsgerechte Beratung sicherzustellen, sollten Sie mit den fachlichen Hintergründen zum Thema Berufsunfähigkeit vertraut sein. Hier empfiehlt sich wieder ein entsprechendes Selbststudium oder die fachliche Weiterbildung innerhalb Ihres Unternehmens.

Rezeptur „Der Goldesel"

Wirkung: Der Kunde wird für die Notwendigkeit einer Berufsunfähigkeitsvorsorge sensibilisiert.

Zutaten:

- die 11 Grundregeln für Verkaufsmagier

- Zauberspruch

- Zauberstab

  – Name: Ast
  – Alter: 30
  – Einkommen: 2.000 € netto im Monat

Zur Vorbereitung ist es hilfreich, wenn Sie das aktuelle Monatsnetto und die aktuelle Renteninfo Ihres Kunden zur Verfügung gestellt bekommen.

Sollten Sie diese beiden Infos nicht haben, so hat sich Folgendes bewährt:

Der Zauberspruch kann beginnen:

 „Herr Ast, wenn Ihnen gestern etwas zugestoßen wäre, was dazu führt, dass Sie heute nicht mehr arbeiten könnten, wie viel Geld würden Sie dann benötigen?"

Herr Ast: „Weiß ich nicht?"

 „Doch mindestens so viel, wie Sie auch heute zur Verfügung haben, oder?!?"

Herr Ast: „Ja, stimmt!"

 „Wie viel verdienen Sie denn derzeit monatlich netto?"

Herr Ast: „So circa zweitausend Euro."

 „Lieber Herr Ast, stellen wir uns einmal Folgendes vor: Sie besitzen ein Haus. Was für ein Haus soll das sein? Ein Einfamilienhaus mit ausgebautem Dachgeschoss und Keller? Ein kleiner Schuppen nebenan sollte auch nicht fehlen?"

Herr Ast: „Ja, das könnte mir gefallen!"

 Malen Sie das Haus.

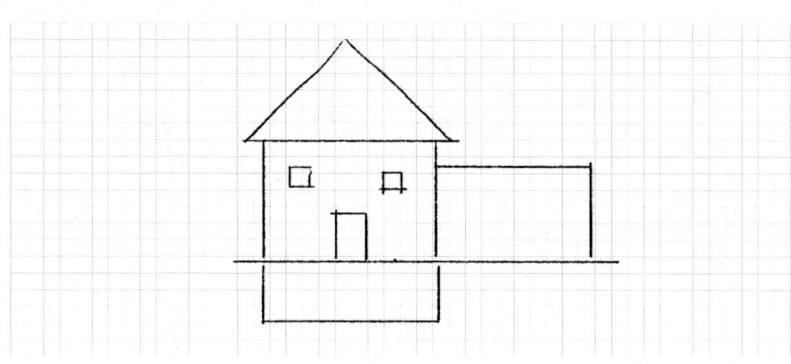

 „Entspricht das in etwa so Ihren Vorstellungen?"

Herr Ast: „Ja, so in etwa."

 „Gut. Würden Sie Ihr Haus ordentlich versichern – zum Beispiel gegen Feuer?"

Herr Ast: „Ja, auf jeden Fall!"

 „Warum würden Sie das Haus versichern?"

Herr Ast: „Weil ich in diesem Haus lebe und weil es sehr teuer ist!"

 *„So ca. 250.000 €?"*

Herr Ast: *„Ja, so teuer könnte es sein."*

 *„Da macht eine Versicherung durchaus Sinn. Gut, jetzt stellen wir uns vor, Sie hätten im Schuppen einen Goldesel."*

 Zeichnen Sie mit Ihrem Zauberstab einen Goldesel in den Schuppen.

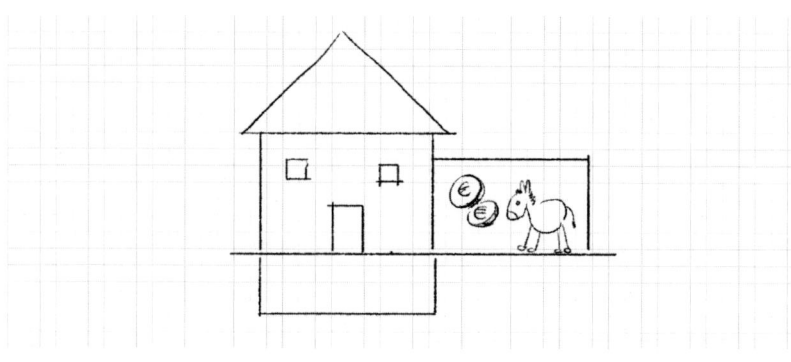

Herr Ast: *„So einen hätte ich gerne!"*

 *„Und dieser Goldesel wirft Ihnen einmal im Monat 2.000 € aus. Würde Ihnen das gefallen?"*

Herr Ast: *„Ja, auf jeden Fall!"*

 „Herr Ast, Sie haben mir gerade gesagt, dass Sie Ihr Haus versichern würden. Dann würden Sie diesen Goldesel doch auch versichern?"

Herr Ast: „Natürlich!"

 „Herr Ast, WIE würden Sie diesen Goldesel versichern, wenn dieser, wodurch auch immer bedroht ist?"

Herr Ast: „So hoch ich kann!!!"

 „Also mit 2.000 € im Monat"

Herr Ast: „Ja!"

 „Herr Ast, was ist, wenn ich Ihnen nun sage, dass SIE dieser Goldesel sind, der jeden Monat 2.000 € mit nach Hause bringt! Wie haben Sie sich denn gegen Ihren Ausfall abgesichert?"

Steigen Sie jetzt in die Beratung zur Berufsunfähigkeitsversicherung ein. Ihr Kunde hat Ihnen bereits gesagt, dass er eine Absicherung des Goldesels für sinnvoll erachtet. Sollte Ihr Kunde hinsichtlich des Beitrages noch Zweifel haben, greifen Sie hier die bereits besprochenen Eckpunkte des Gesprächs wieder auf und weisen Sie Ihren Kunden auf die Relation zwischen der vermeintlich logischen Entscheidung einer Gebäudeabsicherung in Höhe von 250.000 € und der Absicherung des Goldesels multipliziert mit der Laufzeit (in diesem Fall 24.000 € x 35 Jahre = 700.000 €) hin.

Rezeptur „Der 8-Seiten-Würfel"

Wirkung: Der Kunde wird für die Notwendigkeit einer Berufsunfähigkeitsvorsorge sensibilisiert.

Zutaten:

- die 11 Grundregeln für Verkaufsmagier

- Zauberspruch

- Zauberstab

- Eye-Catcher, hier ein 8-Seiten-Würfel, den Sie übrigens in einem gut sortierten Spielwarengeschäft kaufen oder über das Internet beziehen können.

Der Zauberspruch kann beginnen:

Gesprächseinstieg 1:

 *„Herr Ast, in Deutschland scheidet rein statistisch jeder vierte Arbeitnehmer vorzeitig aus dem Arbeitsleben aus, weil er körperlich oder geistig nicht mehr in der Lage ist sein Brot zu verdienen. Diese werden häufig zum Sozialfall."*

Herr Ast: *„Das ist wirklich niemandem zu wünschen."*

 *„Um Ihnen dies einmal zu verdeutlichen, habe ich diesen Würfel mitgebracht."*

Gesprächseinstieg 2:

 *„Herr Ast, ich möchte heute unser Gespräch mal mit einem Spielchen beginnen. Dafür habe ich diesen Würfel mitgebracht. Ich schreibe jetzt einmal Ihren Namen auf dieses Blatt."*

 Schreiben Sie mit Ihrem Zauberstab den Namen Ihres Kunden auf ein leeres Blatt Papier.

1. Herr Ast

 *„Nennen Sie mir doch einmal bitte 7 Vornamen von Ihren Freunden oder Verwandten, die berufstätig sind. Keine Angst, die Nachnamen, Adressen und Telefonnummern müssen Sie mir nicht geben."*

 Diese schreiben Sie nun auch auf das Blatt (evtl. den Kunden schreiben lassen).

1. Herr Ast
2. André
3. Klaus
4. Horst
5. Paul
6. Ralf
7. Peter
8. Carina

„Herr Ast. Nehmen Sie bitte einmal diesen Würfel und würfeln ein erstes Mal."

Streichen Sie den Namen auf der Liste durch, der neben der gewürfelten Zahl steht.

1. Herr Ast
2. André
3. Klaus
4. ~~Horst~~
5. Paul
6. Ralf
7. Peter
8. Carina

 „Herr Ast, bitte würfeln Sie noch ein zweites Mal."

 Streichen Sie wieder den Namen auf der Liste durch, der neben der gewürfelten Zahl steht.

1. ~~Herr Ast~~
2. André
3. Klaus
4. ~~Horst~~
5. Paul
6. Ralf
7. ~~Peter~~
8. Carina

 „Herr Ast, Hintergrund dieses Spielchens ist, dass jeder vierte Erwerbstätige nicht bis zur Rente arbeiten kann, weil er vorher wegen körperlicher Beschwerden, Krankheit oder psychischer Leiden aus dem Erwerbsleben ausscheidet. In diesem Fall wären das Horst und Peter. Wenn das Schicksal Sie gestern getroffen hätte, was bräuchten Sie dann heute an monatlichem Einkommen?"

Lassen Sie Ihrem Kunden einen Moment zum Überlegen.

Herr Ast: „Weiß ich nicht genau."

 *„Doch mindestens das, was Sie auch heute monatlich verdienen, oder???"*

Herr Ast: *„Ja, bestimmt."*

 *„Damit Sie für den Fall, dass das Schicksal Sie auswürfel,t gewappnet sind, sollten wir uns nun über eine Berufsunfähigkeitsversicherung unterhalten."*

Und schon sind Sie in der Beratung zur Berufsunfähigkeit angekommen.

Nachdem Sie Ihren Kunden fachlich über die Berufsunfähigkeitsversicherung aufgeklärt, ein Angebot unterbreitet und den Abschluss getätigt haben, kommen Sie nun noch einmal auf das Blatt Papier mit den Namen zurück:

„Herr Ast, nachdem wir nun über Ihre konkrete Absicherung gesprochen haben, habe ich noch eine Frage: Schenkt man der Statistik Glauben, ist die Wahrscheinlichkeit recht groß, dass tatsächlich zwei der hier Genannten berufsunfähig werden. Für wen Ihrer hier genannten Freunde könnte dieses Thema auch von Interesse sein? Soll ich mich mit Ihren Freunden auch einmal darüber unterhalten?"

Bestenfalls erhalten Sie nun sieben Empfehlungen von Ihrem Kunden.

Rezeptur „Der Balanceakt"

Wirkung: Der Kunde wird für die Notwendigkeit einer Berufsunfähigkeitsvorsorge sensibilisiert.

Zutaten:

- die 11 Grundregeln für Verkaufsmagier

- Zauberspruch

- Zauberstab

Der Zauberspruch kann beginnen:

 *„Herr Ast, mit Ihrem monatlichen Einkommen sichern Sie sich Ihren heutigen Lebensstandard, wie zum Beispiel Wohnen, Ihr Auto und den Lebensunterhalt für Ihre Familie. Ist das so?"*

Herr Ast: *„Ja, wovon den sonst?"*

 Bringen Sie mit Ihrem Zauberstab folgende Zeichnung zu Papier.

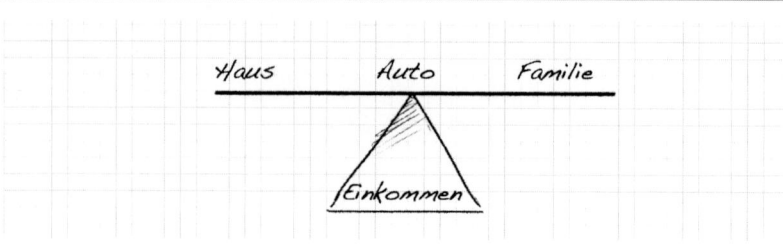

 „Herr Ast, wenn nun Ihr Einkommen wegfällt, weil Sie aus gesundheitlichen Gründen nicht mehr arbeiten können, ist es dann möglich, dass Ihr Lebensstandard ins Schwanken gerät?"

Herr Ast: *„Nun, das ist gut möglich!"*

 Zeichnen Sie mit Ihrem Zauberstab zwei runde Pfeile neben die horizontale Linie.

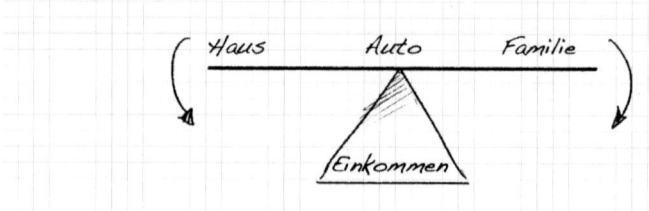

 „Richtig, Herr Ast. *Oft finanziert sich das Leben aus einer einzigen ungesicherten Einkommensquelle. Wenn diese wegfällt, drohen finanzielle Schieflage und sozialer Abstieg!"*

Herr Ast: *„Ja, das mag sein. Aber wie soll man sich wehren? Das kostet doch bestimmt so viel, dass man sich das gar nicht leisten kann!"*

 *„Nun Herr Ast, gegen das Risiko einer längeren Krankheit gibt es die Krankentagegeldversicherung. Diese ist in der Regel schon für wenige Euro im Monat zu erhalten."*

 Fügen Sie mit Ihrem Zauberstab das Feld „KT" in Ihre Zeichnung ein.

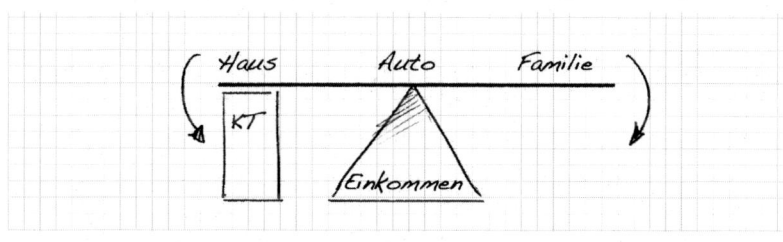

 *„Herr Ast, wie wir jetzt sehen, kann Ihr Lebensstandard noch immer in Schieflage geraten. Nämlich auf der rechten Seite, wenn Ihr Einkommen längerfristig oder dauerhaft ausfällt."*

Herr Ast: *"Ja, jetzt sind wir nicht wirklich weitergekommen!"*

"Nun Herr Ast, für die Gegenseite und somit unerschütterliche Absicherung sorgt die Berufsunfähigkeitsversicherung. Sie sichert Ihren Einkommensverlust bei dauerhafter Arbeitsunfähigkeit ab."

Fügen Sie mit Ihrem Zauberstab das Feld „BU" in Ihre Zeichnung ein.

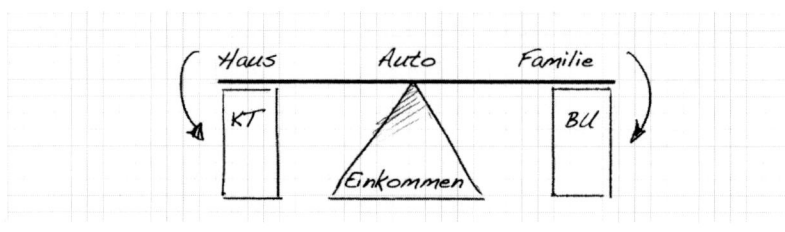

Herr Ast: *"Ja, aber hier sagen Sie nicht, dass es nur wenige Euro pro Monat kostet."*

"Nun, Sie werden sich wundern, dass die Berufsunfähigkeit im Verhältnis noch immer recht günstig ist. Ihre Berufsunfähigkeitsversicherung leistet im Fall der Fälle eine monatliche Rente in Höhe von zum Beispiel 1.500 € und das bis zum Vertragsablauf in beispielsweise 35 Jahren. Das entspricht einer Summe von 630.000 €!"

Die Zaubersprüche für Personenversicherungen 155

Herr Ast: *„Gut, dann sprechen wir nun doch bitte über konkrete Zahlen."*

Dieser Hinweis Ihres Kunden ist ein eindeutiges Kaufsignal. Er hat das Produkt Krankentagegeld- und Berufsunfähigkeitsversicherung gekauft. Letztendlich entscheidet jetzt Ihre Ausgestaltung der Konditionen über Ihren Erfolg.

 *„Herr Ast, bevor ich Ihnen nun konkrete Zahlen vorlege, müssen wir uns vorher über die Konditionen einig werden."*

Herr Ast: *„Welche Konditionen?"*

 *„Es gibt die Berufsunfähigkeitsversicherung in den verschiedensten Vertragskonstellationen. Zum einen gibt es die reine Risiko-Berufsunfähigkeitsversicherung, zum anderen die Berufsunfähigkeitsversicherung mit Kapitalbindung – quasi als Beitragsrückgewähr – unabhängig davon, ob Sie Leistungen in Anspruch nehmen oder nicht. Wohin tendiert Ihr Bauch eher?"*

Berechnen Sie nun, je nach Antwort Ihres Kunden, einen konkreten Vorschlag.

4.2.5 Krankenversicherung

Fachinfo

In Deutschland werden zwei Arten der Krankenversicherung unterschieden:

- Die gesetzliche Krankenversicherung (GKV)
- Die private Krankenversicherung (PKV)

In der PKV wird zwischen der Heilkostenvollversicherung und der Zusatzversicherung unterschieden. Eine Heilkostenvollversicherung schließen vor allem Personen ab, die nicht in der gesetzlichen Krankenversicherung pflichtversichert sind. Dies sind insbesondere Angestellte über der Jahresarbeitsentgeltgrenze, Beamte sowie Selbständige und Freiberufler. In der PKV zusatzversicherte Personen sind GKV-Versicherte, die versuchen die Versorgungslücken der GKV durch eben diese privaten Zusatzversicherungen zu schließen.

Da das Gesundheitssystem in der BRD einem stetigen Wandel ausgesetzt ist und eine Gesundheitsreform die nächste ablöst, ist es schwer, ein nachhaltiges Verkaufsrezept für den Wechsel von der GKV in die Heilkostenvollversicherung zu kreieren. Insbesondere die Eintrittsbarrieren in die PKV ändern sich durch Anheben und Senken der Jahresarbeitsentgeltgrenze im regelmäßigen Turnus. Hinzu kommen noch die mit den stetigen Gesundheitsreformen einhergehenden anderen Änderungen.

Vor diesem Hintergrund erhalten Sie im Folgenden Verkaufsrezepte bzw. Einstiegssätze für die privaten Zusatzversicherungen.

Die GKV zahlt ihren Versicherten bei Arbeitsunfähigkeit ein Krankengeld. Das Krankengeld der GKV setzt ein, wenn die Entgeltfortzahlung durch den Arbeitgeber endet (i.d.R. ab dem 43. Tag der Arbeitsunfähigkeit). Die Berechnung des Krankengeldes erfolgt auf Basis des Bruttoeinkommens des Versicherten. Dabei kommen 70% des Bruttoeinkommens bis zur Beitragsbemessungsgrenze bzw. max. 90% des Nettoeinkommens abzgl. der Sozialabgaben zur Auszahlung.

> **Fachinfo**
>
> Die Kosten für Heilbehandlungen der Versicherten werden von der GKV nur in Form einer Grundversorgung übernommen. So ist bei einem Krankenhausaufenthalt lediglich der Aufenthalt in einem Mehrbettzimmer und bei Zahnersatz nur die Regelversorgung vorgesehen.
>
> Die soziale Pflegeversicherung sieht Leistungen für den Fall der Pflegebedürftigkeit vor. Auch hier reichen die Leistungen oftmals für die anfallenden Pflegekosten nicht aus. Aufgrund ständiger gesetzlicher Änderungen bezüglich der Einstufung in eine Pflegestufe, sowie den damit verbundenen Leistungen, halten Sie sich bitte stets über die Änderungen in Form des Selbststudiums oder durch angebotene Schulungen auf dem Laufenden.

Hier wieder der Hinweis: Um eine bedarfsgerechte Beratung sicherzustellen, sollten Sie mit den fachlichen und rechtlichen Hintergründen zur privaten und gesetzlichen Krankenversicherung vertraut sein. Hier empfiehlt sich wieder ein Selbststudium oder die Weiterbildung innerhalb Ihres Unternehmens.

Rezeptur „Viel oder Wenig"

Wirkung: Den Kunden für eine Krankentagegeldversicherung sensibilisieren, die dieser sofort abschließt.

Zutaten:

- die 11 Grundregeln für Verkaufsmagier

- Zauberspruch

- Zauberstab

  - Name: Ast
  - Alter: 30
  - Stellung im Beruf: angestellt
  - Einkommen: 3.300 € brutto/2.000 € netto im Monat

Der Zauberspruch kann beginnen:

 *„Herr Ast, Sie sind Angestellter und erhalten von Ihrem Arbeitgeber im Krankheitsfall eine Lohnfortzahlung?"*

Herr Ast: *„Das ist richtig."*

 Zeichnen Sie mit dem Zauberstab zwei Pfeile in Form eines Koordinatensystems und zeichnen Sie in dieses Koordinatensystem eine horizontale Linie.

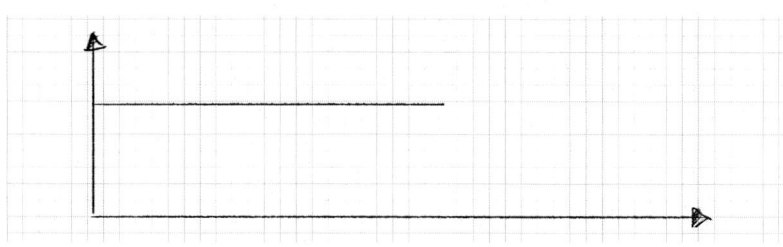

 *„Die horizontale Linie stellt Ihr Einkommen dar, das sich trotz eintretendem Krankheitsfall nicht verändert."*

 Zeichnen Sie durch die horizontale Linie einen senkrechten Strich und schreiben Sie „Krankheitsfall" daran.

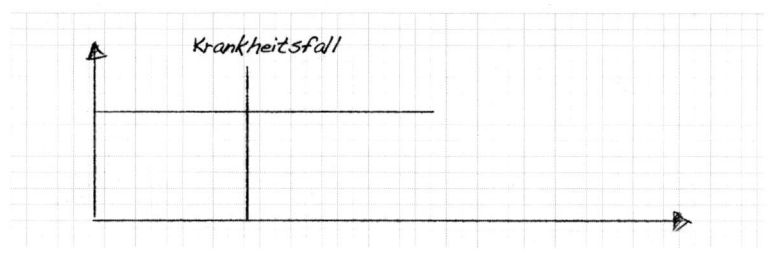

„Wie lange erhalten Sie denn diese Lohnfortzahlung durch Ihren Arbeitgeber?"

Herr Ast: „Bis ich wieder gesund bin. Zumindest war das in der Vergangenheit immer so."

„Ja, das ist gut, dass Sie noch keine anderen Erfahrungen gemacht haben. Ihr Arbeitgeber zahlt aber nicht solange, bis Sie wieder gesund sind. Er zahlt längstens 42 Tage der Arbeitsunfähigkeit und danach zahlt Ihre Kasse das Krankengeld."

Herr Ast: „Na, Hauptsache: Einer zahlt."

Zeichnen Sie am Ende der horizontalen Linie eine zweite senkrechte Linie und schreiben Sie in das dadurch entstandene Feld „max. 42 Tage durch AG".

 „Ja, das ist richtig. Hauptsache: Einer zahlt. Aber wie fänden Sie es, wenn einer von den beiden Ihr Geld während der Arbeitsunfähigkeit kürzen würde, so etwa um 20 %?"

 Zeichnen Sie eine weitere horizontale Linie, die ab der letzten senkrechten Linie startet. Beachten Sie bitte, dass Sie diese wesentlich niedriger ansetzen als die erste horizontale Linie. Schreiben Sie über diese Linie „- 20 %".

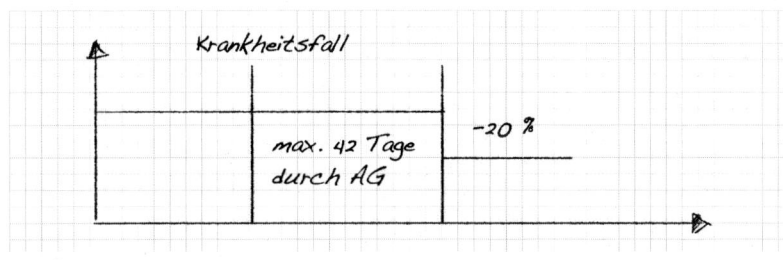

 „Eine Kürzung um 20 % würde bei einem Nettoeinkommen in Höhe von 2000 € mit 400 € zu Buche schlagen. Fänden Sie das viel oder wenig?"

Herr Ast: „Das wäre natürlich viel, wenn ich auf 400 € monatlich verzichten müsste."

 Schreiben Sie mit Ihrem Zauberstab „400 €" neben die 20 % und schreiben das Wort „viel!" daneben.

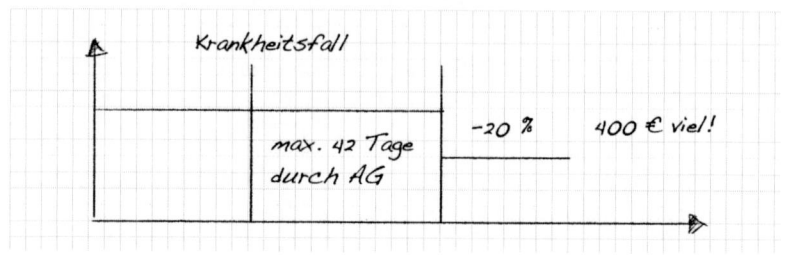

 „Eine solche Kürzung kann Ihnen aber passieren, wenn Sie krank sind. Die gesetzliche Krankenversicherung – Ihre Krankenkasse – kürzt Ihnen das Krankentagegeld. Wenn ich nun von den 400 € zwei Nullen wegstreiche, ist das dann immer noch viel, oder wenig?"

Herr Ast: „Dann ist das natürlich wenig. Aber was wollen Sie mir damit sagen?"

 Bevor Sie antworten, schreiben Sie unter die „400 €" „4 €" und schreiben „wenig" daneben.

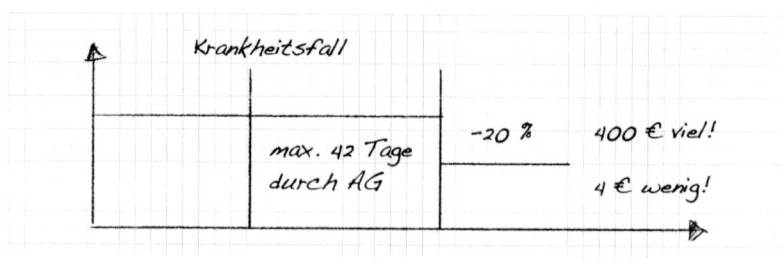

Die Zaubersprüche für Personenversicherungen

„Der monatliche Beitrag für eine Absicherung, die das Risiko in Höhe von 20 % für Sie trägt, beträgt ca. 4 €. Und das ist ‚wenig' haben Sie mir gerade gesagt. Lassen Sie uns einmal genau berechnen, wie hoch die Kürzung des Krankentagegeldes durch die Kasse bei Ihnen sein würde und wie hoch tatsächlich der Beitrag der Versicherung ist…"

Anmerkung: Aufgrund der sich jährlich ändernden Zahlenwerte in den Beitragssätzen der Sozialversicherung, ist dieses Verkaufsrezept allgemein gehalten. Beachten Sie bitte bei dieser allgemeinen Vorgehensweise, dass Sie im Vorfeld des Termins in etwa wissen, wie hoch die Versorgungslücke und der Beitrag für Ihren Kunden sein könnten. Schreiben Sie dann immer einen etwas höheren Beitrag in die Zeichnung als er tatsächlich ist. Sie werden dann nicht mit Ihrem Kunden in Preisverhandlungen gehen müssen, da dieser bereits den Beitrag mit „wenig" abgesegnet hat.

Rezeptur „Der nicht erste Gewinner"

Wirkung: Den Kunden für eine stationäre Zusatzversicherung sensibilisieren.

Zutaten:

- die 11 Grundregeln für Verkaufsmagier

- Zauberspruch

Der Zauberspruch kann beginnen:

 *„Herr Ast, ich möchte mich heute mit Ihnen über eine stationäre Zusatzversicherung unterhalten."*

Herr Ast: *„Das brauche ich nicht. Die Versorgung in Deutschland durch die gesetzliche Krankenversicherung reicht völlig aus."*

 *„Ja, das ist richtig. Das Gesundheitssystem in Deutschland leistet auf einem sehr hohen Niveau. Das hängt insbesondere mit der guten Ausbildung unserer Ärzte zusammen. Aber zu der Ausbildung der Ärzte gehört auch, dass diese irgendwann einmal das erste Mal eine OP an einem lebenden Menschen durchführen. Möchten Sie bei dieser ersten OP der Patient sein?"*

Herr Ast: *„Natürlich nicht."*

 *„Ich auch nicht. Mir wird schon ganz anders, wenn ich daran denke, dass ich regungslos auf dem OP-Tisch liege und so ein blutjunger Uni-Absolvent setzt das Skalpell bei mir an."*

(Pause.)

Die Zaubersprüche für Personenversicherungen

„Und wenn die OP dann hoffentlich gut verlaufen ist und ich wieder aufwache im Mehrbettzimmer, würde ich vielleicht gerne etwas frische Luft haben. Also öffne ich das Fenster und der Mensch neben mir macht es wieder zu. Dann mache ich es wieder auf, und er wieder zu. So geht es dann immer weiter. Frage an Sie, Herr Ast: Wer gewinnt dieses Spiel?"

Herr Ast: „Hmmm."

„Ich kann es Ihnen sagen: Gewinner wird der Patient sein, der eine stationäre Zusatzversicherung hat. Hier kümmert sich der Chefarzt nämlich noch persönlich um Sie und der blutjunge Assistenzarzt steht allenfalls daneben. Und in Ihrer Unterkunft – nämlich im Einbettzimmer – können Sie so lange das Fenster aufhaben wie Sie wollen."

Sie haben Ihrem Kunden eine Situation geschildert, die er so schnell nicht aus dem Kopf bekommt. Sie können davon ausgehen, dass Ihr Kunde noch in diesem Verkaufsgespräch einen Vorschlag anfordert.

Rezeptur „Der Bettgefährte"

Wirkung: Den Kunden für eine Zahnzusatzversicherung sensibilisieren.

Zutaten:

■ die 11 Grundregeln für Verkaufsmagier

■ Zauberspruch

Der Zauberspruch kann beginnen:

"Herr Ast, heute möchte ich mich mit Ihnen über eine Zahnzusatzversicherung unterhalten."

Herr Ast: *"Das ist schön, aber das brauche ich nicht."*

"Die gesetzliche Krankenversicherung erstattet bei Zahnersatz nur einen Teil der entstehenden Kosten. Sie haben so das Risiko, bei einer anstehenden Zahnersatzbehandlung auf hohen Eigenkosten sitzen zu bleiben."

Herr Ast: *"Wenn ich mich aber auf die billigsten Ausführungen beschränke, dann kann das ja nicht so viel sein."*

"Das sollten wir uns einmal im Detail anschauen, was das bedeutet. Letztendlich entscheiden Sie, ob Sie im Alter mit oder neben Ihrem Gebiss schlafen!"

Anmerkung: Die Landschaft der Zahnzusatztarife ist sehr vielfältig und mit den verschiedensten Leistungsausprägungen behaftet. Zeigen Sie dem Kunden anhand Ihres Tarifs ein konkretes Kostenbeispiel mit seiner Eigenbeteiligung auf. Ihr Kunde wird sich aufgrund des oben genannten Zauberspruchs bereits über die Eigenverantwortung bei der Zahnabsicherung bewusst sein.

Rezeptur „Elternunterhalt"

Wirkung: Den Kunden für eine Pflegezusatzversicherung sensibilisieren.

Zutaten:

- die 11 Grundregeln für Verkaufsmagier

- Zauberspruch

Der Zauberspruch kann beginnen:

 *„Herr Ast, kennen Sie eigentlich die kleinen gelben Schilder an Baustellenzäunen?"*

Herr Ast: *„Ja."*

 *„Herr Ast, was steht denn darauf?"*

Herr Ast: *„Eltern haften für Ihre Kinder!"*

 *„Genau, wussten Sie eigentlich, dass es ein Ereignis gibt, das diesen Satz umkehrt?"*

Herr Ast: „*Nein, welches denn?*"

 „*Der Satz lautet: ‚Kinder haften für Ihre Eltern'. Und dieser Satz gilt, sobald Sie oder Ihr/e Partner(in) pflegebedürftig werden!*"

Zeigen Sie Herrn Ast nun die Kosten für die Pflege im Alter auf und erläutern Sie ihm auch, wie die Versorgungslücke geschlossen werden kann.

4.3 Baufinanzierung

Hinweis

Das Eigenheim ist das Ziel eines jeden Menschen. Das folgende Verkaufsrezept beschränkt sich auf die wesentlichsten Merkmale einer Finanzierung – einem Annuitätendarlehen und einem Bausparvertrag. Diese Produkte werden sehr häufig bei der Finanzierung von privat genutzten Immobilien eingesetzt.

Meistens wird der Wunsch zum Kauf eines Eigenheims zuerst der Hausbank mitgeteilt. Diese legt dem Kunden in der Regel ein Angebot eines Annuitätendarlehens vor. Ein solches Angebot veranlasst den Kunden oftmals Vergleichsangebote einzuholen. Im Rahmen des Angebotsvergleichs werden dann lediglich die Zinssätze verglichen und der günstigste Anbieter erhält den Zuschlag.

Fachinfo

Bei einem **Annuitätendarlehen** werden konstante Rückzahlungsbeträge (Raten) mit dem Darlehensgeber vereinbart. Dabei bleibt die Höhe der zu zahlenden Rate über die ganze Laufzeit hinweg gleich, sofern eine Zinsbindungsfrist über die gesamte Laufzeit des Darlehens vereinbart wurde. Wird eine Zinsbindungsfrist nur für einen bestimmten Zeitraum – also nicht bis zur vollständigen Tilgung – festgelegt, erfolgt nach Ablauf dieses Zinsbindungszeitraums eine Anschlussfinanzierung, bei der die Zinsen neu festgelegt werden.

Die Rate (Annuität) setzt sich bei einem Annuitätendarlehen aus einem Zins- und Tilgungsteil zusammen. Mit jeder Rate wird ein Teil der Restschuld getilgt, so dass sich der Zinsanteil zugunsten des Tilgungsanteils verringert.

> **Fachinfo**
>
> Ein **Bausparvertrag** wird in der Regel für die Finanzierung von wohnwirtschaftlichen Maßnahmen eingesetzt. Die darin festgelegte Bausparsumme wird zu einem vertraglich festgelegten Teil angespart. Der nicht angesparte Teil wird bei Zuteilung des Bausparvertrages als Bauspardarlehen gewährt. Der Bausparer verfügt so bei Zuteilung über die gesamte Bausparsumme.
>
> Bei einer Finanzierung, die mit einem Bausparvertrag unterlegt ist, erhält der Kunde ein Darlehen und schließt gleichzeitig einen Bausparvertrag ab. Im Gegensatz zu einem Annuitätendarlehen, wird dieses Darlehen nicht direkt getilgt. Der Kunde investiert vielmehr in einen Bausparvertrag und erwirbt einen Anspruch auf ein zinsgünstiges Bauspardarlehen. So sorgt der Kunde schon während der ersten Zinsbindungsfrist für seine Anschlussfinanzierung.
>
> Nach der Zuteilung des Bausparvertrages wird das Darlehen dann durch die Bausparsumme abgelöst. Der Kunde zahlt ab diesem Zeitpunkt nur noch die Raten – Zins und Tilgung – für sein Bauspardarlehen.

In Bezug auf die genauen fachlichen Hintergründe von Finanzierungen empfehlen wir Ihnen eine Weiterbildung entweder durch Ihren Ansprechpartner in Ihrem Unternehmen oder autodidaktisch durch entsprechende Fachliteratur.

Neben den in der Rezeptur genannten Zutaten benötigen Sie noch ein weiteres Hilfsmittel: einen Annuitätenrechner. Einen solchen Rechner stellt Ihnen in der Regel Ihr Unternehmen zur Verfügung bzw. können Sie ihn sich im Internet herunterladen. In der nachfolgenden Tabelle finden Sie die Annuitätenberechnung für die im Verkaufsrezept genannten Konditionen.

Baufinanzierung

Tabelle 4.1 Annuitätenberechnung Darlehen 100.000 €, 5 % Zinsen, 1 % Tilgung, Quelle: eigene Berechnung

Laufzeit	Darlehens-Summe (€)	Monatliche Rate (€)	Zins-Rate (€)	Tilgungs-Rate (€)	Zins-Summe (€)	Tilgungs-Summe (€)
1 Monat	100.000,00	500,00	416,67	83,33	416,67	83,33
1 Jahr	99.064,00	500,00	412,77	87,23	4.976,76	1.023,24
2 Jahre	97.992,87	500,00	408,30	91,70	9.901,17	2.098,83
3 Jahre	96.866,94	500,00	403,61	96,39	14.770,56	3.229,44
4 Jahre	95.683,41	500,00	398,68	101,32	19.582,09	4.417,91
5 Jahre	94.439,33	500,00	393,50	106,50	24.332,83	5.667,17
6 Jahre	93.131,60	500,00	388,05	111,95	29.019,65	6.980,35
7 Jahre	91.756,96	500,00	382,32	117,68	33.639,28	8.360,72
8 Jahre	90.311,99	500,00	376,30	123,70	38.188,29	9.811,71
9 Jahre	88.793,10	500,00	369,97	130,03	42.663,07	11.336,93
10 Jahre	87.196,49	500,00	363,32	136,68	47.059,81	12.940,19
35 Jahre 11 Monate	456,94	500,00	1,90	498,10	115.458,84	100.041,16

Das folgende Verkaufsgespräch zielt auf die Finanzierung einer selbst genutzten Immobilie ab. Insbesondere im Bereich der Gewerbeimmobilien sind andere Konzepte sinnvoller und bedarfsgerechter. Ebenso gilt es für Sie zu prüfen, ob die Wohn-Riester-Förderung gegebenenfalls für Ihren Kunden sinnvoll ist.

Rezeptur „Das sichere Eigenheim"

Wirkung: Versicherungsunternehmen/Bausparkassen werden als Produktanbieter akzeptiert.

Zutaten:

- die 11 Grundregeln für Verkaufsmagier

- Zauberspruch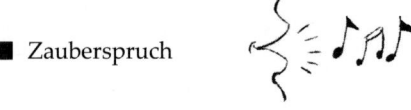

- Zauberstab

Ein grundlegender Bestandteil einer jeden Ursuppe ist das Kaufmotiv „Sicherheit". Dieses Rezept setzt an diesem Motiv an. Ziel ist es, den Kunden auf die Fallstricke eines herkömmlichen Darlehensangebotes aufmerksam zu machen.

Die folgenden Kundendaten haben wir für dieses Beispiel angenommen. Sämtliche Variablen sind individuell veränderbar:

- Name: Ast
- Datum des Verkaufsgesprächs: 19.12.2010
- Finanzierung zum: 01.01.2011
- Vermögenswirksame Leistungen (VL): 0 € monatlich
- Zu versteuerndes Jahreseinkommen: > 51.200 €

Konditionen Darlehen

Darlehenssumme: 100.000 €

Tilgung: 1%

Zinssatz: 5%

Zinsfestschreibung: 10 Jahre

Konditionen Bausparvertrag

Sparbeitrag: 300 € monatlich ab 01.01.2011 bis 01.06.2019

Bausparsumme: 100.000 €

Guthabenzins jährlich: 0,5%

Mindestsparguthaben: 30%

Abschlussgebühr: 1.000 €

Voraussichtlicher Zuteilungstermin: 01.05.2021

Bausparguthaben bei Auszahlung: 30.499,36 €

Sparbeiträge (ohne VL) gesamt: 30.600 €

Sollzins p.a. in der Tilgungsphase: 2,8%

Effektiver Jahreszins ab Zuteilung in der Tilgungsphase: 3,1%

Bauspardarlehen: 69.500,64 €

Monatlicher Zins- und Tilgungsbeitrag: 594,54 €

Tilgungsdauer: 11 Jahre, 7 Monate

Der Zauberspruch kann beginnen:

„Herr Ast, Sie haben bereits ein Angebot einer Finanzierung durch Ihre Hausbank vorliegen? Können Sie mir hier bitte die entsprechenden Konditionen nennen, die ich verbessern muss?"

(Der Kunde nennt oder zeigt Ihnen die oben genannten Konditionen)

„Gut, Herr Ast, das bedeutet, dass Sie für diese Immobilie erheblich mehr als 100.000 € bezahlen müssen. Den genauen Betrag möchte ich gerne einmal mit Ihnen berechnen."

Zeichen Sie nun eine senkrechte und eine wagerechte Linie auf, die sich links in der Ecke treffen. Beschriften Sie die senkrechte Linie mit „Darlehenssumme 100.000 €" und die waagerechte Linie mit „Laufzeit 10 Jahre".

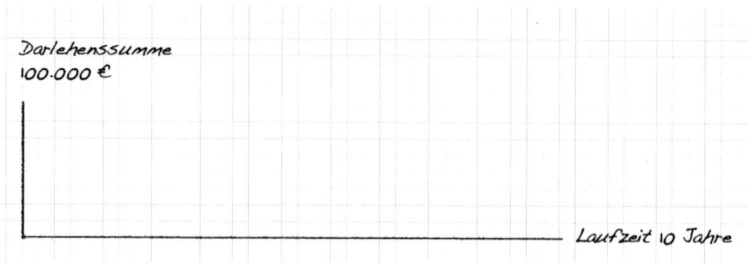

Baufinanzierung

„Ein Annuitätendarlehen funktioniert nun so, dass Sie einen festen Zinssatz und eine feste Tilgung vereinbart haben. Durch die Tilgungen werden mit jeder Zahlung die Zinsen geringer – da Ihre Schulden ja auch geringer werden – und die Tilgung höher, während die Gesamtrate aus Zinsen und Tilgung immer gleich bleibt."

Zeichnen Sie nun eine gestrichelte waagerechte Linie parallel zur unteren Linie und eine schräge Linie von links oben nach rechts unten. Beachten Sie, dass die waagerechte Linie am Ende der senkrechten Linie angesetzt wird und die schräge etwas unterhalb angesetzt wird. Diese Linie sollte auch nicht auf der durchgezogenen waagerechten Linie enden. Beschriften Sie die waagerechte gestrichelte Linie mit „Rate".

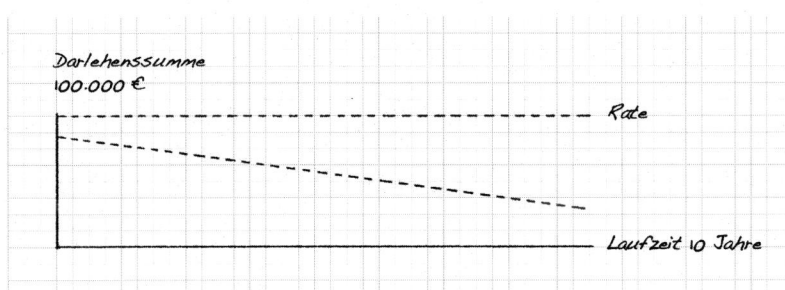

„Sie sehen nun 2 Flächen. Die untere Fläche stellt den Verlauf der Zinsen und die obere Fläche die Tilgung dar."

Schreiben Sie nun in das obere Feld „Tilgung" und in das untere Feld „Zinsen".

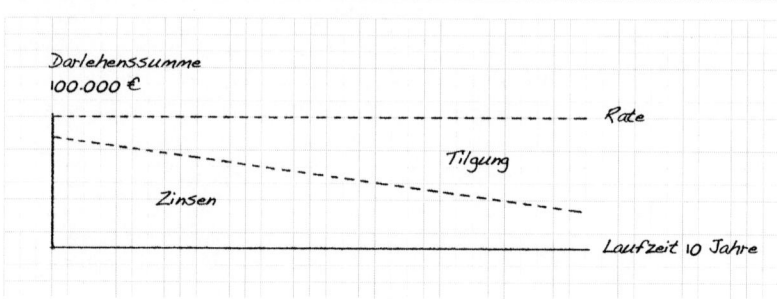

„Herr Ast, wollen wir nun berechnen, wie sich das in konkreten Zahlen darstellt?"

(Antwort abwarten – in der Regel: „Ja.")

„Gut, die Formel für die Darlehensrate lautet: Darlehenssumme mal Zins plus Tilgung geteilt durch 100 mal Ratenzahl pro Jahr."

Schreiben Sie die Formel während des Aufsagens unter die Zeichnung.

Baufinanzierung

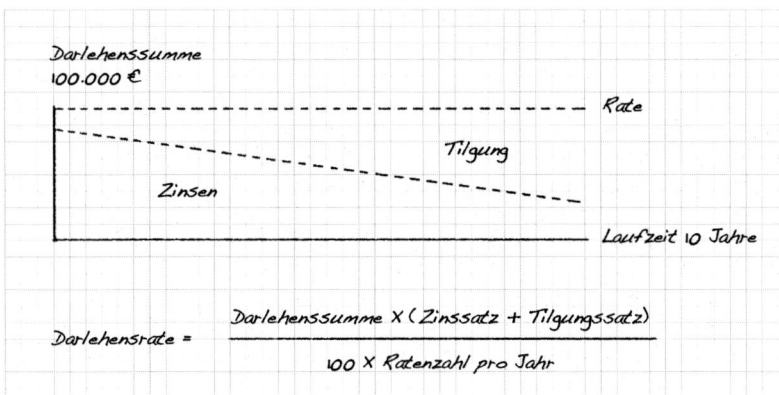

$$\text{Darlehensrate} = \frac{\text{Darlehenssumme} \times (\text{Zinssatz} + \text{Tilgungssatz})}{100 \times \text{Ratenzahl pro Jahr}}$$

 Schreiben Sie nun die Formel unter Berücksichtigung der vom Kunden Eingangs genannten Konditionen auf und berechnen das Ergebnis (ggf. unter Zuhilfenahme eines Taschenrechners).

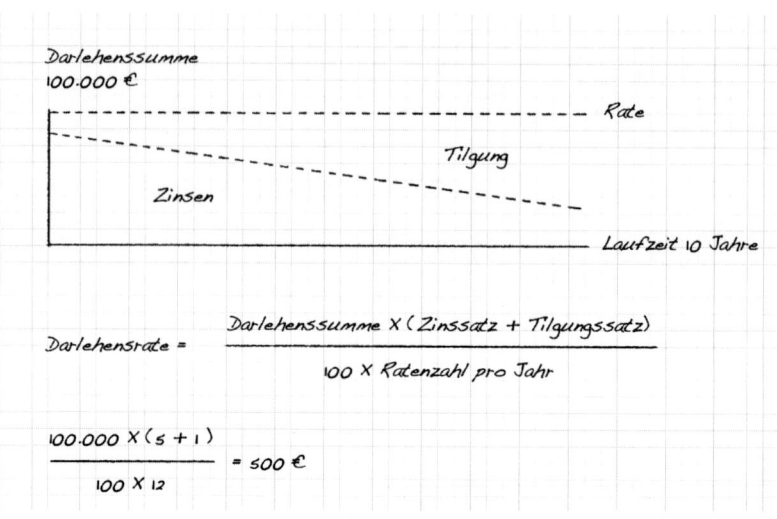

„Das bedeutet für Sie, dass Sie die nächsten 10 Jahre 500 € monatlich für diese Finanzierung zahlen werden."

Schreiben Sie „500 €" neben das Wort Rate.

Baufinanzierung 179

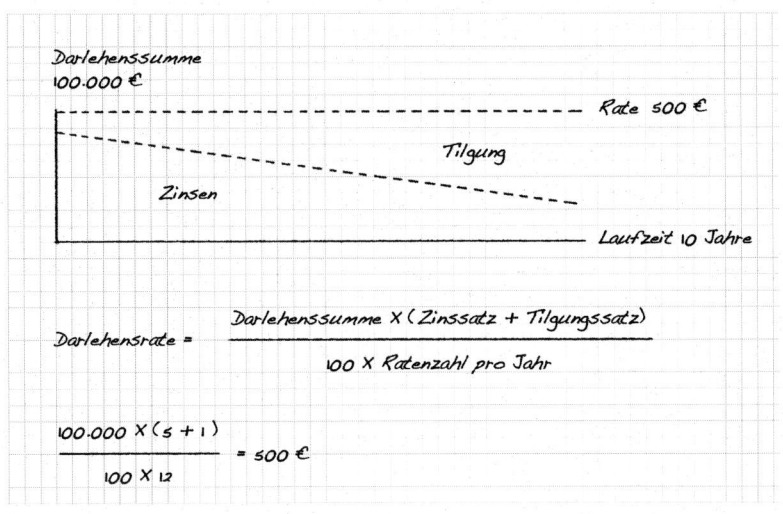

 „Nun wollen wir nachschauen, wie sich diese 500 € nach den 10 Jahren auf Zinsen und Tilgung auswirken."

Schauen Sie in Ihren Annuitätenrechner und zeigen Sie Ihrem Kunden die entsprechenden Werte nach 10 Jahren Zins- und Tilgungsrate.

 „Wie Sie sehen, haben Sie nach 10 Jahren 47.059,81 € Zinsen gezahlt und 12.940,19 € getilgt. Sie haben dann also noch eine Restschuld in Höhe von 87.059,81 €."

 Schreiben Sie diese Zahlen mit dem Hinweis „nach 10 Jahren" unter die anderen Zeichnungen und unterstreichen den Betrag der Restschuld doppelt.

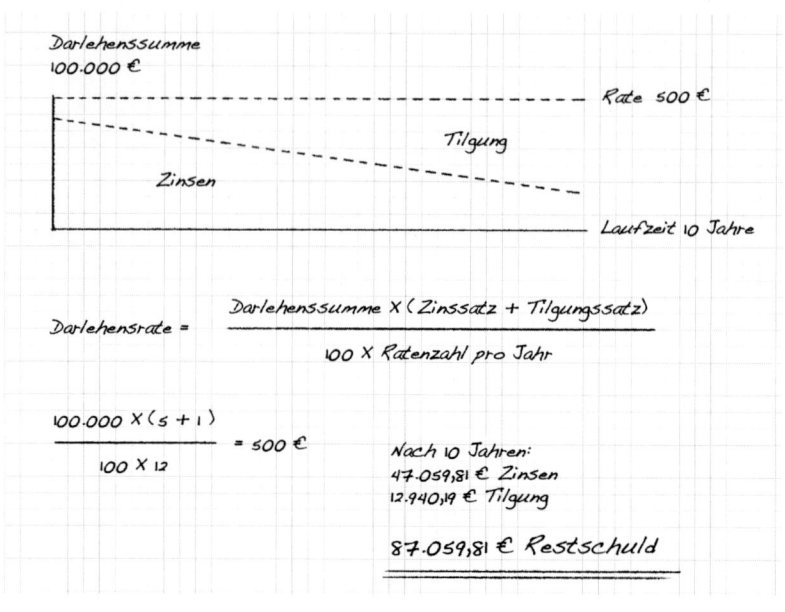

 „Herr Ast, bei diesen Konditionen haben Sie nach 10 Jahren 60.000 € an die Bank gezahlt und immer noch 87.059,81 € Schulden bei dieser Bank! Diese 87.059,81 € müssen nach 10 Jahren neu finanziert werden. Was ist, wenn dann die Zinsen nicht mehr bei 5 % sondern bei 7 % liegen?"

Anmerkung: Bei der Berechnung der Rate der Anschlussfinanzierung wird die ursprüngliche Darlehenssumme zur Ermittlung herangezogen, da sich sonst die Tilgung der Gesamtschuld stark in die Länge ziehen würde.[32]

 Schreiben Sie die Formel nun für die neue Darlehensrate zu 7 % Zinsen mit den Zahlen und dem Ergebnis direkt unter die Zeichnung.

Baufinanzierung

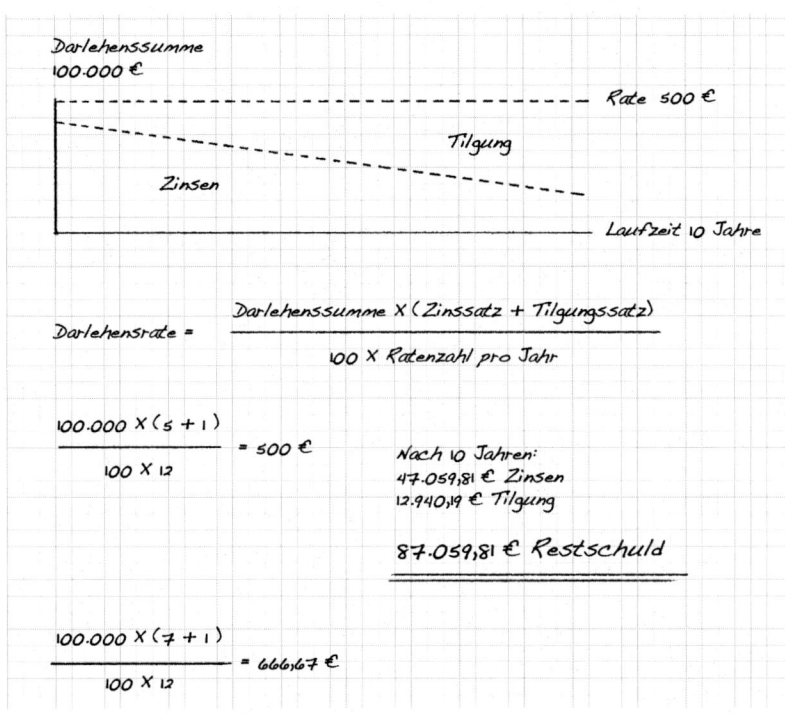

„Herr Ast, Sie müssten dann für weniger Schulden eine höhere Rate für Ihre Wohnung bezahlen. Wie hoch diese Rate dann tatsächlich sein wird, können wir heute noch nicht abschätzen. Wie finden Sie diese Zinsunsicherheit? Können Sie ruhig schlafen, wenn Sie in den letzten Jahren vor Ablauf der Zinsbindung feststellen, dass sich die Zinsen für Immobiliendarlehen drastisch erhöhen? ... Aber selbst, wenn die Zinsen konstant bei 5% bleiben – was nicht realistisch ist -, müssten Sie insgesamt ...!"

Schauen Sie auf Ihren Annuitätenrechner und lesen dort die Werte zum Ende der Laufzeit ab.

„… *in 35 Jahren und 11 Monaten 115.458,84 € Zinsen und 100.000 € Schulden bezahlen. Sie zahlen also knapp 36 Jahre ca. 215.000 € für eine Immobilie, die heute 100.000 € kostet.*"

Schreiben Sie die zuletzt genannten Zahlen mit dem Hinweis „nach 36 Jahren" unter die Zeichnung und unterstreichen Sie diese doppelt.

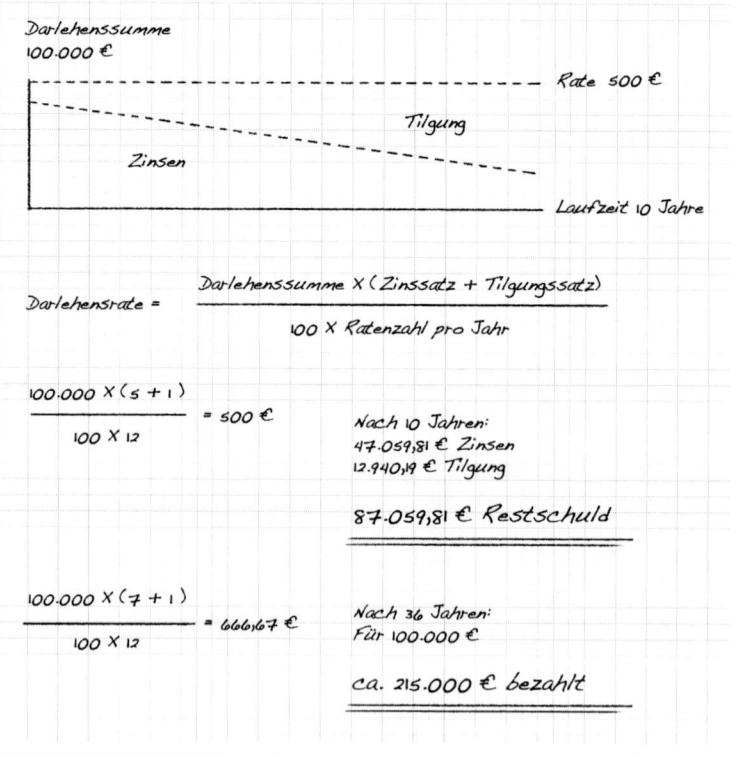

Baufinanzierung

„Herr Ast, Ich fasse zusammen: bei diesem Modell haben Sie eine Zinsunsicherheit innerhalb der Laufzeit, eine Laufzeit von ca. 36 Jahren und insgesamt ca. 215.000 € bezahlt. Richtig?"

Schreiben Sie – während Ihr Kunde antwortet – diese Zahlen auf das Papier und daneben einen Blitz.

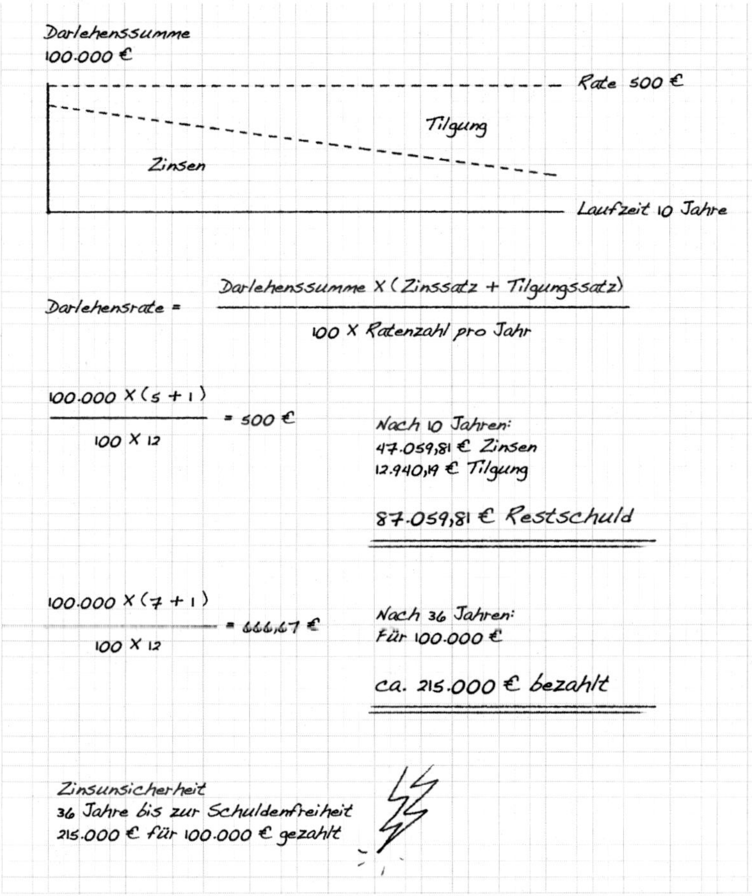

Darlehenssumme 100.000 €

Rate 500 €

Tilgung

Zinsen

Laufzeit 10 Jahre

$$\text{Darlehensrate} = \frac{\text{Darlehenssumme} \times (\text{Zinssatz} + \text{Tilgungssatz})}{100 \times \text{Ratenzahl pro Jahr}}$$

$$\frac{100.000 \times (5+1)}{100 \times 12} = 500\ €$$

Nach 10 Jahren:
47.059,81 € Zinsen
12.940,19 € Tilgung

87.059,81 € Restschuld

$$\frac{100.000 \times (7+1)}{100 \times 12} = 666,67\ €$$

Nach 36 Jahren:
Für 100.000 €

ca. 215.000 € bezahlt

Zinsunsicherheit
36 Jahre bis zur Schuldenfreiheit
215.000 € für 100.000 € gezahlt

 „Wie finden Sie das, Herr Ast?"

Antwort abwarten.

 „Herr Ast, ich möchte Ihnen nun einen Weg aufzeigen, bei dem Sie diese Unsicherheit nicht haben! Es geht doch gar nicht um den Zinssatz. Es geht doch um die Sicherheit kalkulierbarer Raten und letztendlich auch um den Endpreis. Stimmts?"

Antwort abwarten.

 „Dann holen Sie sich Ihr Geld doch woanders als bei der Bank."

Herr Ast: „Ich kriege aber nur bei der Bank Geld!"

 „Falsch! Auch wir als Versicherer verleihen Geld für den Kauf eines Eigenheims!"

Herr Ast: „Ja, ja. Ich will aber keine Lebensversicherung!"

 „Eine Lebensversicherung macht mit dem Geld der Kunden nichts anderes als eine Bank. Sie erwirtschaftet Zinsen. Diese Zinsen generiert sie unter anderem dadurch, dass sie Immobiliendarlehen vergibt. Was anderes macht eine Bank auch nicht. Haben Sie denn auch schon mal über einen Bausparvertrag nachgedacht?"

Baufinanzierung

Herr Ast: *„Das ist doch total veraltet ..."* (Bitte stellen Sie sich an dieser Stelle auf eine negative Aussage des Kunden ein.)

 *„Lassen Sie uns das einfach mal angucken und schauen, wo die Vorteile liegen. Es geht doch nicht darum, die monatlichen Raten zu Beginn der Finanzierung zu senken, sondern es geht um Ihre Sicherheit. Um die Sicherheit, dass Sie keine plötzlichen Sprünge in den Raten bei Anschlussfinanzierungen haben."*

Neues Blatt nehmen und die alte Zeichnung offen liegen lassen.

 *„Bei einem Modell mit einem Bausparvertrag und einem Darlehen unserer Lebensversicherung sieht die Zeichnung etwas anders aus."*

 Zeichnen Sie nun ein Quadrat sowie ein darüber liegendes Rechteck auf das neue Blatt Papier. Bei unseren oben genannten Bausparkonditionen ist das darüber liegende Rechteck etwas kürzer als Oberseite des Quadrats.

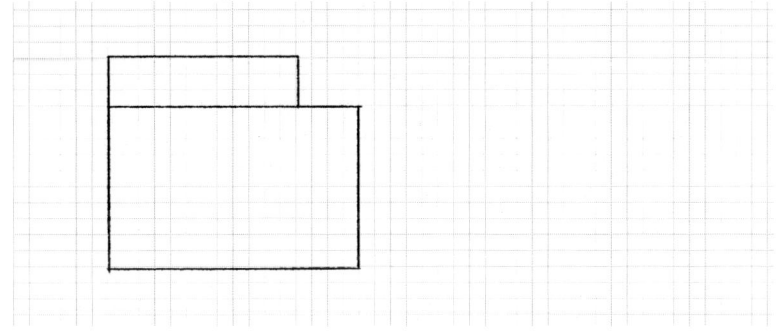

 „*Bei dem unteren Kasten handelt es sich um die Zinsen für das Darlehen, die Sie vom 01.01.11 bis zum 30.04.2021 zahlen und bei dem oberen Rechteck um Ihre Sparraten, die Sie bis zum 01.06.2019 in den Bausparvertrag zahlen.*"

 Beschriften Sie die Zeichnung mit den Worten „Sparrate" und „Zinsen" sowie um die von Ihnen genannten Daten.

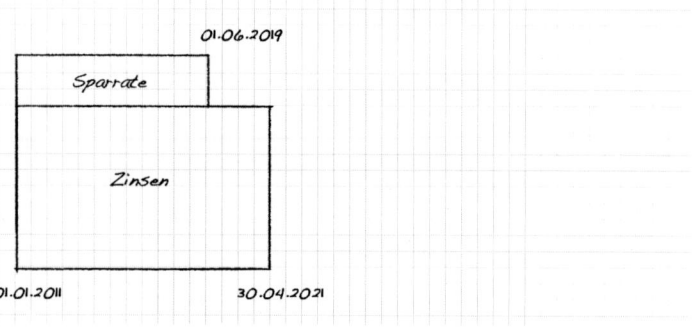

Herr Ast: „*Das ist doch viel schlechter. Bei der ersten Zeichnung auf dem anderen Blatt haben sich doch die Zinsen von Beginn an reduziert und nun bleiben diese konstant.*"

 „*Es geht doch unterm Strich bei einer Finanzierung um zwei Zahlen: 1. Was zahlen Sie **sicher** monatlich? Und 2. Was zahlen Sie insgesamt über die gesamte Laufzeit? Können wir uns darauf verständigen?*"

Baufinanzierung

Herr Ast: „Ja."

Ihr Kunde ist an dieser Stelle vom Zinsvergleich weg.

„Herr Ast, nehmen wir an, dass unsere Lebensversicherung Ihnen ein Darlehen in Höhe von 100.000 € mit Tilgungsaussetzung ebenfalls zu 5 % zur Verfügung stellt. Gleichzeitig schließen Sie einen Bausparvertrag mit einer monatlichen Sparrate von 300 € ab. Die Bausparsumme beträgt Ihre benötigten 100.000 €. Jetzt wollen wir einmal die monatliche Belastung ausrechnen."

Schreiben Sie unter die Zeichnung den Berechnungsweg für die Zinsen sowie für die Sparraten des Bausparvertrages.

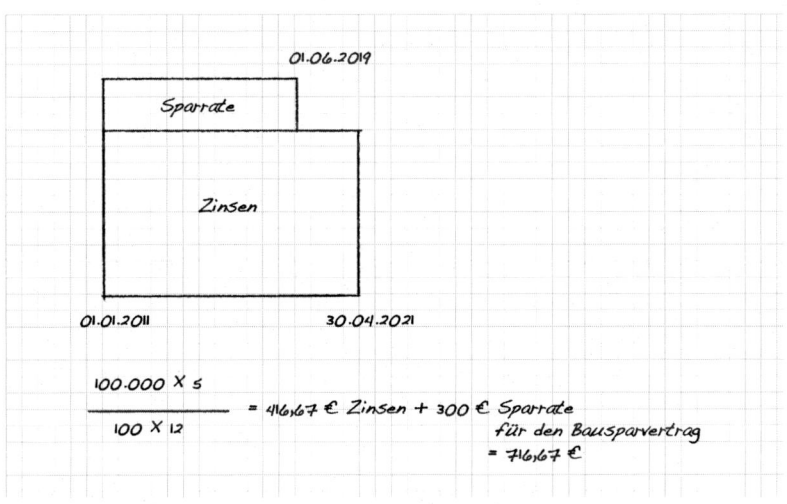

Herr Ast: *„Das ist ja über 200 € teurer als die erste Variante!"*

„Das ist richtig. Wir sollten die Zahlen aber erst am Schluss vergleichen. Gucken wir doch einmal was während der Laufzeit bis zur endgültigen Tilgung passiert. Zunächst senken sich Ihre Raten ab dem 01.06.2019 um 300 €, da die Sparbeiträge für den Bausparvertrag entfallen…"

Zeichnen Sie einen Pfeil nach unten neben das Rechteck für die Sparraten.

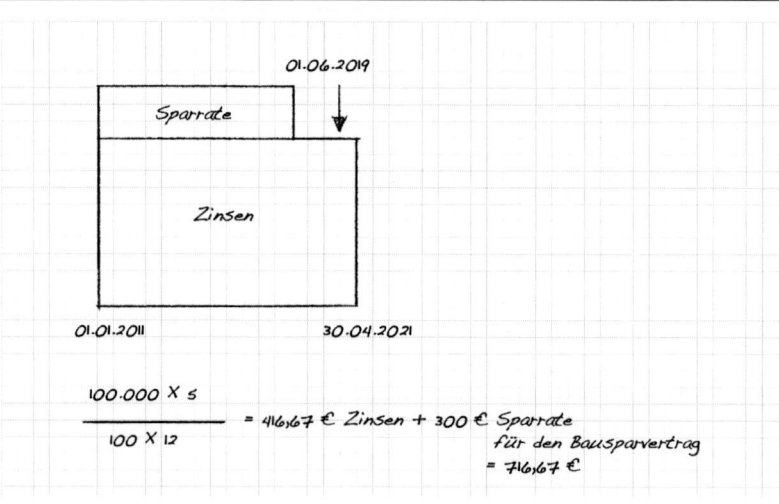

Baufinanzierung

„Ab dem 01.05.2021 reduzieren Sie dann das Darlehen von 100.000 € um ca. 30.500 €, so dass nur noch eine Restschuld von 69.500 € verbleibt."

Zeichnen Sie auch diese Informationen durch einen Pfeil nach unten neben dem Rechteck für die Zinsen auf das Papier. Der Pfeil sollte etwas oberhalb der Mitte des Rechtecks enden. Am Ende des Pfeils schreiben Sie noch die Restschuld in Höhe von 69.500 € auf.

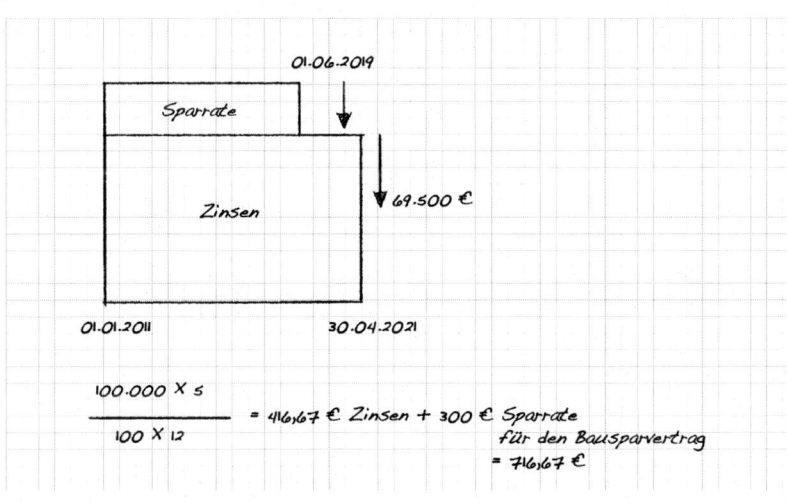

„Diese 69.500 € finanzieren wir dann über das Bauspardarlehen mit einer gleichbleibenden monatlichen Belastung von 594,54 € für die Dauer von 11 Jahren und 7 Monaten."

 Zeichnen Sie an dieser Stelle rechts ein Rechteck an das Quadrat der Zinsen und beschriften dieses analog der von Ihnen genannten Parameter.

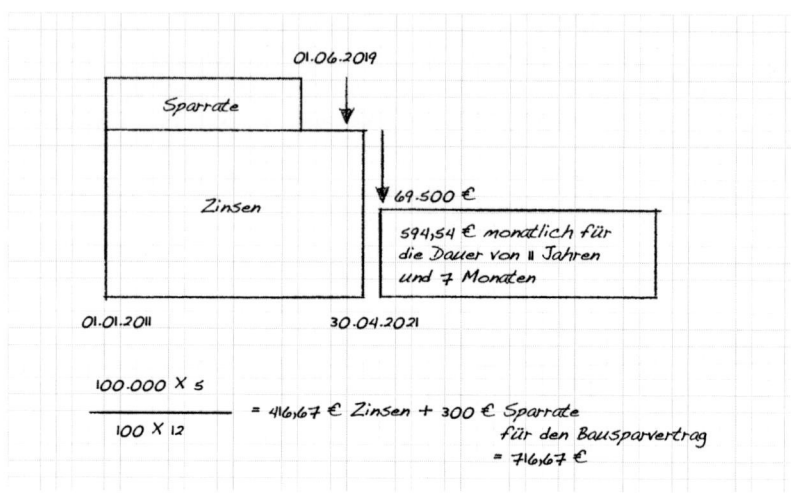

 *„Sie sehen, Sie sind bei dieser Variante schon nach **ca. 22 Jahren** schuldenfrei!"*

Herr Ast: *„Ich habe ja auch immer mehr bezahlt als bei der anderen Variante!"*

 *„Meinen Sie? Wir sollten das einmal nachrechnen: In den ersten 8 Jahren und 6 Monaten haben Sie 716,67 € monatlich bezahlt (zeigen Sie mit dem Zauberstab auf das obere Rechteck und dem Datum 01.06.2019) – also insgesamt 102 Raten. Dann haben sich Ihre Zahlungen um 300 € auf 416,67 € für die Dauer von 1 Jahr und 10 Monaten reduziert – also insgesamt 22 Raten. (Auch hier mit*

dem Zauberstab auf die entsprechenden Stellen in der Zeichnung zeigen.) *Ab dem 01.05.2021 haben Sie dann 11 Jahre und 7 Monate lang 594,54 € monatlich gezahlt – also insgesamt 139 Raten. Das macht ... (parallel haben Sie Ihren Taschenrechner mit den Daten gefüttert) ... 164.908,14 €."*

Schreiben Sie diese Zahl mit den Hinweisen „nach ca. 22 Jahren" und „ohne Unsicherheit" unter die Zeichnung.

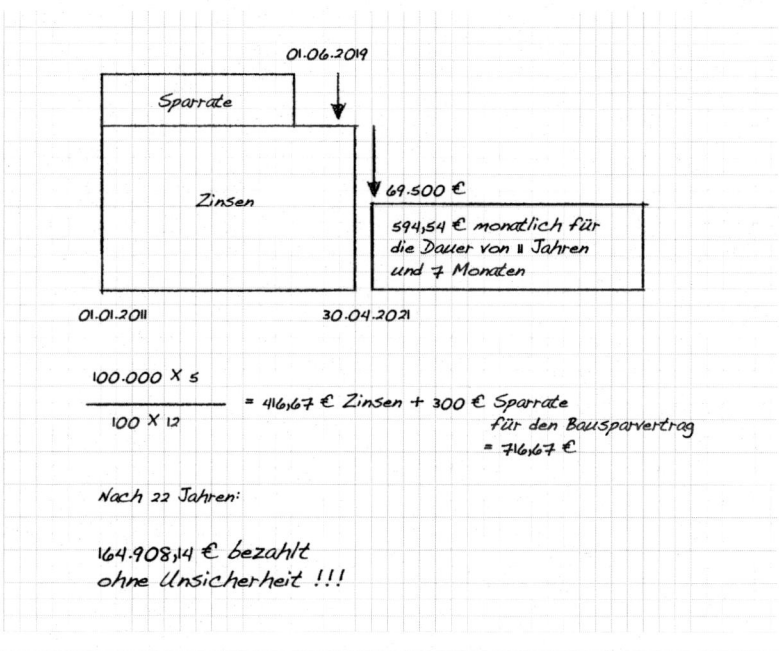

Legen Sie beide Zettel gut sichtbar für den Kunden nebeneinander.

 *„Nun Herr Ast, was halten Sie nun für sinnvoller: Variante 1: Jetzt eine niedrigere Rate, mit Zinsunsicherheit während der Laufzeit, die dazu noch länger ist – oder Variante 2: Jetzt erst einmal eine etwas höhere Rate mit Sicherheit während der Laufzeit, die dazu noch 14 Jahre schneller die Schuldenfreiheit generiert und am Rande auch noch ca. 50.000 € gespart?"*

Darlehenssumme
100.000 €
Rate 500 €
Tilgung
Zinsen
Laufzeit 10 Jahre

$$\text{Darlehensrate} = \frac{\text{Darlehenssumme} \times (\text{Zinssatz} + \text{Tilgungssatz})}{100 \times \text{Ratenzahl pro Jahr}}$$

$$\frac{100.000 \times (5+1)}{100 \times 12} = 500\,€$$

Nach 10 Jahren:
47.059,81 € Zinsen
12.940,19 € Tilgung

87.059,81 € Restschuld

$$\frac{100.000 \times (7+1)}{100 \times 12} = 666,67\,€$$

Nach 36 Jahren:
Für 100.000 €

ca. 215.000 € bezahlt

Zinsunsicherheit
36 Jahre bis zur Schuldenfreiheit
215.000 € für 100.000 € gezahlt

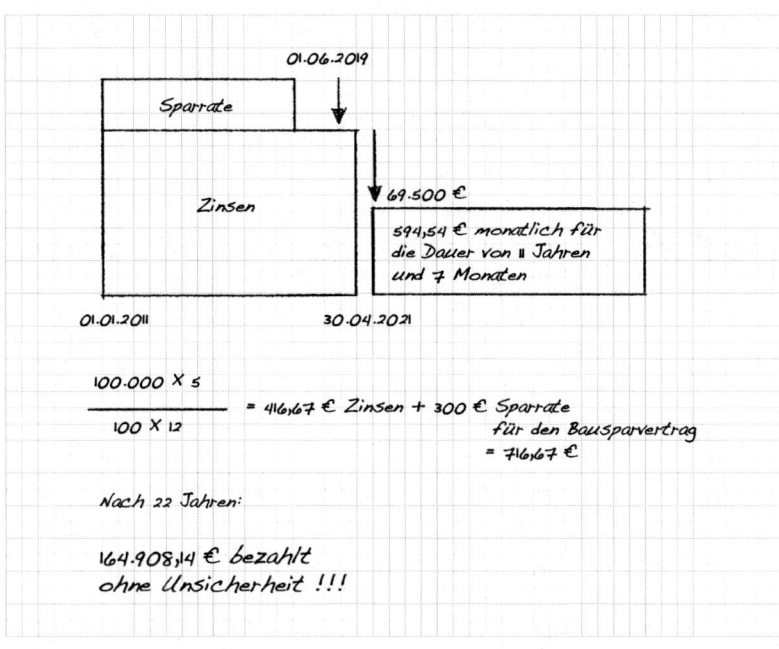

Ihr Kunde wird sich für Sie und für das von Ihnen vorgeschlagene Modell mit dem Bausparvertrag entscheiden.

4.4 Der Meistermagier: Cross-Selling – Die ganze Palette rauf und runter

Cross-Selling ist das Meisterstück für jeden Verkaufsmagier. Für Cross-Selling gibt es die verschiedensten Definitionen: Oftmals bezeichnet es die so genannte Spartendichte bei einem Kunden, oder die Vertragsdichte.

Im eigentlichen Sinn bedeutet es „Querverkauf", also die Kunst, zu einem bereits verkauften Produkt ein weiteres artfremdes oder auch artgleiches Produkt abzusetzen. Der zusätzliche Verkauf von artfremden Produkten findet sich oftmals im Einzelhandel wieder. Hier werden dem Kunden in einem Lebensmitteldiscounter schon einmal Computer angeboten. Im Rahmen dieses Buches werden Ihnen nun Verkaufsrezepte vermittelt, wie Sie dem Kunden artgleiche Produkte – also weitere Produkte aus der Versicherungs- und Finanzwirtschaft – zusätzlich verkaufen können.

Im Kapitel 4.2.4 „**Berufsunfähigkeitsversicherung**" haben Sie erfahren, wie Sie Ihren Kunden von der Notwendigkeit einer Berufsunfähigkeitsversicherung überzeugen können. Die Berufsunfähigkeitsversicherung ist der ideale Ansatz, um eine **Krankentagegeldversicherung** zusätzlich zu verkaufen. Aber auch nicht so „nah beieinander liegende" Versicherungen, wie die **Hausratversicherung** mit der **Baufinanzierung** sowie **Krankenzusatzversicherung** mit der **Rechtsschutzversicherung**, lassen sich im Rahmen des Cross-Selling miteinander verknüpfen. Aber auch die **Kfz-Versicherung** kann immer angesprochen werden.

Bitte beachten Sie auch an dieser Stelle wieder die jeweiligen Fachinfos in den einzelnen Kapiteln.

Rezeptur „Schließen Sie die Lücke"

Wirkung: Dem Kunden neben einer Berufsunfähigkeitsversicherung eine Krankentagegeldversicherung verkaufen.

Zutaten:

- die 11 Grundregeln für Verkaufsmagier

- Zauberspruch

- Zauberstab

Der Zauberspruch kann beginnen:

 *„Herr Ast, es ist die richtige Entscheidung sich gegen die Folgen einer Berufsunfähigkeit abzusichern. Wie ich Ihnen eben erläutert habe, leistet diese im Bedarfsfall nach sechs Monaten andauernder Arbeitsunfähigkeit. (Die Karenzzeit kann variieren. Bitte beachten Sie hier die Besonderheiten der von Ihnen angebotenen Tarife/Produkte.) Die Lohnfortzahlung bei Ihrem Arbeitgeber endet aber bereits nach sechs Wochen. Wie stopfen Sie in der Zwischenzeit die Lücke?"*

 Zeichnen Sie zwei gleich große Rechtecke mit etwas Platz nebeneinander auf. Schreiben Sie und in das erste Rechteck „Netto 100 %" und darunter „6 Wochen". Zwischen die beiden Rechtecke schreiben Sie „20 Wochen". Das zweite Rechteck beschriften Sie mit „BU-Rente" und trennen das untere Fünftel durch einen waagerechten Strich ab. Dieses nun entstandene Feld beschriften Sie mit „~ 18 % EM-Rente".

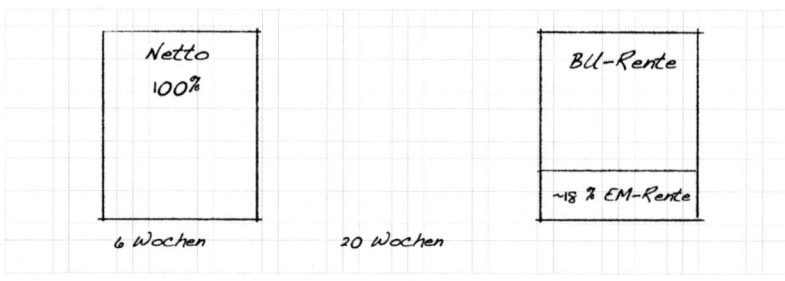

Herr Ast: *„Ich bekomme doch nach sechs Wochen dann Geld von der Krankenkasse!?"*

 *„Richtig Herr Ast, die Krankenkasse springt ein, wenn die Lohnfortzahlung endet. Allerdings beträgt die Höhe des Krankengeldes nur etwa achtzig Prozent Ihres üblichen Netto!"*

 Zeichnen Sie das „Krankengeld ~ 80 %" in das Schema sowie zwei waagerechte Striche, die die beiden Rechtecke miteinander verbinden. Achten Sie darauf, dass der obere waagerechte Strich auf einer Höhe von ca. ¾ der Höhe der Rechtecke liegt.

Der Meistermagier: Cross-Selling – Die ganze Palette rauf und runter

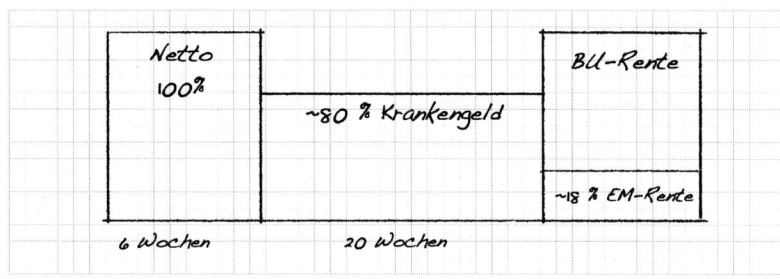

Herr Ast: „Ich wusste gar nicht, dass das im Zweifel so viel ausmachen kann. Das sind bei einem Netto von 2000 € ja ungefähr 400 €, die ich dann weniger hätte!"

„Genau. Und um diese Lücke zu schließen gibt es die Krankentagegeldabsicherung. In Ihrem Fall soll sie also fünfzehn Euro pro Tag (gerundet auf volle 5 €) auffangen."

Fügen Sie in die Zeichnung das KT43 15 € hinzu und verbinden die oberen Enden der beiden Rechtecke mit einer waagerechten Linie.

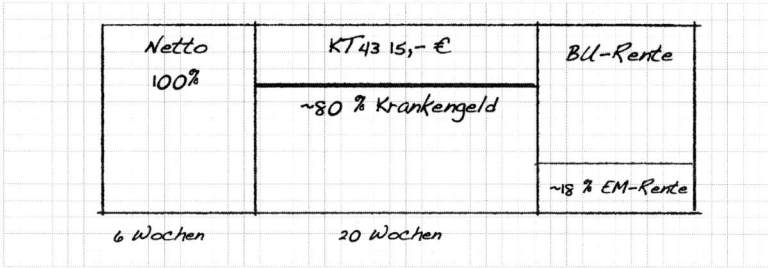

Herr Ast: *„Das ist bestimmt sinnvoll für mich, aber das kostet doch bestimmt wieder eine Menge Geld! Ich weiß nicht, ob ich mir zusätzlich neben der Berufsunfähigkeitsversicherung noch so viel leisten kann."*

„Richtig Herr Ast, jede Versicherung nimmt einen Beitrag damit sie den Versicherungsschutz übernimmt. In Ihrem Fall bin ich mir auch nicht so sicher, ob Sie sich diesen Beitrag leisten wollen oder können. Er liegt nämlich bei ca. fünf Euro monatlich."

Herr Ast: *„Das hätten Sie mir ja auch gleich sagen können! Wo muss ich unterschreiben?"*

Rezeptur „Eigenheim statt Miete"

Wirkung: Dem Kunden die Vorteile einer eigenen selbst genutzten Immobilie aufzeigen.

Zutaten:

- die 11 Grundregeln für Verkaufsmagier

- Zauberspruch

- Eye-Catcher

Der Zauberspruch kann beginnen:

In den Kapiteln 4.1.2 „Hausratversicherung" und 4.2.4 „Berufsunfähigkeitsversicherung" haben Sie ein imaginäres Haus erschaffen, um Ihrem Kunden den Sinn einer Hausrat- oder Berufsunfähigkeitsversicherung zu verdeutlichen. Nutzen Sie nun die Symbolik des Hauses, um das Thema „Baufinanzierung" anzusprechen.

 *„Sie erinnern sich an das gezeichnete Bild auf dem Papier?"*

Herr Ast: *„Ja."*

 *„Wir hatten uns ja eben über Ihr Haus unterhalten. Wann möchten Sie dort einziehen?"*

Herr Ast: *„Das kann ich mir nicht leisten!"*

 *„Das heißt, grundsätzlich möchten Sie Eigentum?"*

Herr Ast: *„Grundsätzlich ja!"*

 „Sie zahlen Miete?"

Herr Ast: „Ja!"

 „Ist Ihre Miete in den letzten Jahren eigentlich schon mal gefallen?"

Herr Ast: „Nein!"

 „Meinen Sie die Miete steigt noch weiter?"

Herr Ast: „Ja, ganz bestimmt!"

 „Und in Ihrer arbeitsfreien Zeit, werden Sie einmal Rente beziehen. Herr Ast, anhand diese Schaubilds möchte ich Ihnen nur kurz verdeutlichen, was es heißt im Alter Miete zu zahlen. Darf/Soll ich Ihnen einmal berechnen, wie viel Eigentum Sie sich leisten könnten?"

Nutzen Sie nun den Eye-Catcher „Die Schere wird größer".

Herr Ast: „Ich weiß nicht, ob das für mich überhaupt in Frage kommt. Das hieße ja, sich auf Jahre zu verschulden."

 „Ja, der Gedanke liegt nahe. Aber jeder, wirklich jeder bezahlt in seinem Leben ein Einfamilienhaus. Die meisten nur nicht ihr eigenes!"

Herr Ast: *„Nun ja, einmal rechnen kann ja nicht schaden."*

 „Richtig Herr Ast, die Berechnung tut nicht weh. Und die Entscheidung treffen Sie am Ende für sich alleine. Auch wenn Sie sich gegen meine Finanzierung, dafür aber für eine ‚schlechte' entscheiden sollten, so hat das immer noch etwas Gutes: die Finanzierung endet irgendwann – die Miete nicht!"

Rezeptur „Der Arzt als Anwalt"

Wirkung: Dem Kunden neben einer Krankenzusatzversicherung eine Rechtsschutzversicherung verkaufen.

Zutaten:

- die 11 Grundregeln für Verkaufsmagier

- Zauberspruch

Der Zauberspruch kann beginnen:

Sie haben sich soeben mit Ihrem Kunden über eine Krankenzusatzversicherung unterhalten.

 *„Herr Ast, um das Thema Krankheit noch einmal aufzugreifen, habe ich noch eine Frage."*

Herr Ast: *„Und die lautet?"*

 *„Wenn Sie einmal krank sein sollten, gehen Sie dann in die Universitätsbibliothek und wälzen Bücher, um sich selbst zu heilen?"*

Herr Ast: *„Nein, natürlich nicht. Dann gehe ich zum Arzt."*

 *„So wie ich und jeder andere es auch machen würde. Nun drängt sich mir nur die Frage auf, was Sie im Streitfall machen würden. Gehen Sie in einem solchen Fall in die Universitätsbibliothek, um Bücher zu wälzen und sich selbst zu vertreten, oder gehen Sie dann auch zum studierten Spezialisten?"*

Herr Ast: *„Ich würde natürlich zu einem Anwalt gehen."*

 *„Genau wie ich auch. Für den Arztbesuch haben Sie eine Krankenversicherung. Aber wo haben Sie denn Ihre Rechtsschutzversicherung?"*

Nun können Sie wie im Kapitel 4.1.4 Ihren Kunden von den Vorzügen einer Rechtsschutzversicherung in Ihrem Hause überzeugen.

Rezeptur „Das Auto"

Wirkung: Dem Kunden auch einen Vorschlag für die Kfz-Versicherung unterbreiten.

Zutaten:

- die 11 Grundregeln für Verkaufsmagier

- Zauberspruch

- Eye-Catcher

Der Zauberspruch kann beginnen:

Sie besuchen Ihren Kunden, Herrn Ast, um zum Beispiel mit ihm über seine bestehenden Verträge zu sprechen. Während Sie Ihre Unterlagen und Ihren Rechner aus Ihrer Tasche holen und auf den Tisch legen, stellen Sie ein kleines Modellauto als Eye-Catcher dazu.

Im ersten Moment wird Ihr Kunde Sie noch nicht darauf ansprechen, aber irgendwann packt ihn die Neugier:

Herr Ast: *„Warum haben Sie denn das Auto da stehen?"*

„Damit ich am Ende unseres Gespräch nicht vergesse, Sie auf Ihre Kfz-Versicherung(en) anzusprechen. Aber vielen Dank, dass Sie mich daran erinnern! Sagen Sie, wo haben Sie denn eigentlich Ihr(e) Auto(s) und Ihr Motorrad versichert?"

Herr Ast: *„Die sind bei der Pfefferminzia!"*

 *„Ist es für Sie in Ordnung, wenn wir am Ende unseres Gesprächs noch einmal auf Ihre Kfz-Versicherungen zu sprechen kommen?"*

Herr Ast: *„Ja."*

 *„Dann gebe ich Ihnen jetzt das Auto und Sie erinnern mich später noch einmal daran – einverstanden?"*

Herr Ast: *„Ja."*

 *„Dann zurück zu unserem ursprünglichen Thema, der ..."*

Mit diesem letzten Zauberspruch haben Sie erfahren, wie auf eine einfache Art und Weise die Kfz-Versicherung bei jedem Verkaufsgespräch angesprochen werden kann.

Genauso einfach geht es auch mit allen anderen Produkten. Beispielsweise haben Sie in Kapitel 4.3 „Baufinanzierung" erfahren, wie Sie Ihrem Kunden eine „gute" Baufinanzierung veranschaulichen können. Bei Abschluss einer solchen, ist es Ihre Aufgabe, Ihren Kunden mit dem im Kapitel 4.2.4 „Berufsunfähigkeit", Rezeptur „Der Balanceakt", erlernten Zauberspruch zu verzaubern. Als weitere Ansatzpunkte sind der Vollständigkeit halber noch die Risikolebens-, die Krankentagegeld- und Wohngebäudeversicherung zu nennen und im Gesamten von Ihnen als „Sorglos-Wohn-Paket für Immobilienbesitzer" zu vertreiben.

Sie als Verkaufsmagier werden schnell eigene Cross-Selling-Ansätze entwickeln, wenn Sie ein verstärktes Augenmerk auf die Kombinationsmöglichkeiten legen. Sie werden bemerken, dass hierbei schnell ein Automatismus eintritt und Sie Ihren Kunden prinzipiell mit mehr als einem Abschluss verlassen.

Nachwort

Sie sind nun in die Geheimnisse der erfolgreichen Verkaufsmagier eingeweiht und haben die „11 Grundregeln für Verkaufsmagier" kennengelernt. Sie wissen, welche Hilfsmittel Sie benötigen und wie Sie diese bei der Anwendung der Verkaufsrezepte einsetzen. Es liegt jetzt an Ihnen, diese Kenntnisse auch erfolgreich im Verkauf umzusetzen.

Bitte beachten Sie in diesem Zusammenhang aber auch immer, dass Sie neben Ihrem Selbstverständnis als Verkäufer auch stets die Grundsätze der „weißen Magie" einhalten. Komplexe Produkte wie Versicherungen und Finanzdienstleistungen begleiten Ihren Kunden nach dem Verkauf nicht selten ein ganzes Leben und sollen ihm Schutz und Sicherheit bieten. Eine Beratung, in der Sie verkäuferische Magie anwenden, hat daher immer eine nachhaltige Wirkung. Dessen müssen Sie sich stets bewusst sein.

Die in diesem Buch genannten Verkaufsrezepte sollen es Ihnen erleichtern, die komplexen Produkte „Versicherungen" und „Finanzdienstleistungen" im Verkaufsgespräch verständlich und nachvollziehbar zu erläutern und den Kunden zielorientiert in Richtung „Kaufen" zu steuern. Dabei bleibt es Ihnen überlassen, ob Sie die Rezepte eins zu eins übernehmen oder als Anregung nutzen. Grundsätzlich sollten Sie jedoch möglichst zu vielen von Ihren Produkten einen aktivierenden Zauberspruch bzw. eine einfache Zeichnung im Kopf haben, die Sie jederzeit im Verkaufsgespräch visualisieren können. Damit ist gewährleistet, dass Sie das Feuer unter dem Kessel Ihres Kunden entfachen und ihn so aktivieren. Bevor Sie nun das erste Mal einen Kunden mit diesen Verkaufsrezepten verzaubern wollen, seien Sie sich bitte über Folgendes bewusst:

> Damit der Zauber wirkt, müssen Sie die Zaubersprüche und den Umgang mit dem Zauberstab sicher beherrschen. Das bedeutet für Sie: Üben Sie diese Zaubersprüche inklusive der Zeichnungen!

Sie haben mit dieser Lektüre das Rüstzeug erhalten, eigene Zaubersprüche zu entwickeln. Sie können sich als ausgebildeter Verkaufsmagier für Versicherungen und Finanzdienstleistungen betrachten!

Nun, lieber Verkaufsmagier, wissen Sie: Der Verkauf von Versicherungen und Finanzdienstleistungen ist (k)eine Magie!

Bei der Anwendung dieser Magie wünschen wir Ihnen viel Spaß und viel Erfolg!

Anmerkungen

1. Vgl. Kroeber-Riehl/Weinberg/Gröppel-Klein (2009), S. 542ff.
2. Vgl. Wöhe/Döring (2000), S. 481
3. Vgl. Behrens (1988), S. 30ff.
4. Vgl. Behrens (1988), S. 36ff.
5. Vgl. Kroeber-Riehl/Weinberg/Gröppel-Klein (2009), S. 60ff.
6. Vgl. Behrens (1988), S. 52
7. Vgl. Kroeber-Riehl/Weinberg/Gröppel-Klein (2009), S. 100
8. Vgl. Behrens (1988), S. 54
9. Vgl. Behrens (1988), S. 95
10. Vgl. Prack (2010), S. 22
11. Vgl. Prack (2010), S. 115
12. Vgl. Prack (2010), S. 34
13. Vgl. Kroeber-Riehl/Weinberg/Gröppel-Klein (2009), S. 220
14. Vgl. Behrens (1988), S. 91 ff.
15. Vgl. Behrens (1988), S. 105
16. Vgl. Behrens (1988), S. 111ff.
17. Vgl. Behrens (1988), S. 126
18. Vgl. Behrens (1988), S. 126f.
19. Vgl. Behrens (1988), S. 168ff.
20. Vgl. Behrens (1988), S. 182
21. Vgl. Behrens (1988), S. 183
22. Vgl. Prack (2010), S. 164
23. Vgl. Kroeber-Riehl/Weinberg/Gröppel-Klein (2009), S. 287
24. Vgl. Stadlbauer (2010), S.7ff.
25. Vgl. Meffert (2000),S. 696f.
26. Vgl. Steffenhagen (2000), S. 158
27. Quelle: http://www.gdv.de/DatenUndFakten/schadenundunfall/inhalt.html, Abruf am 15.03.2011

[28] Quelle: http://www.destatis.de/jetspeed/portal/cms/Sites/destatis/Internet/DE/Presse/pm/2010/02/PD10__065__46241,templateId=renderPrint.psml, Abruf am 28.12.2010

[29] Vgl. Nevels (2009) S. 13

[30] Vgl. Quelle: Gabler Wirtschaftslexikon Online http://wirtschaftslexikon.gabler.de/Archiv/798/rentabilitaet-v7.html, Abruf 28.12.2010

[31] Quelle: http://www.geld.de/berufsunfaehigkeit-allgemeines-berufsunfaehigkeit-trifft-jeden-vierten.html, Abruf am 30.03.2011

[32] Vgl. (Klöckner 2005), S. 132f.

Literatur

BEHRENS, GEROLD: Konsumentenverhalten, Heidelberg 1988

KLÖCKNER, BERND W.: Rechentraining für Finanzdienstleister, 4., erweiterte Auflage, Wiesbaden 2005

KROEBER-RIEHL, WERNER/WEINBERG, PETER/GRÖPPEL-KLEIN, ANDREA: Konsumentenverhalten, 9. überarbeitete, aktualisierte und ergänzte Auflage, München 2009

MEFFERT, HERIBERT: Marketing, 9. überarbeitete und erweiterte Auflage, Wiesbaden 2000

PRACK, RALF-PETER: Beeinflussung im Verkaufsgespräch, 2. ergänzte Auflage, Wiesbaden 2010

STADLBAUER, ALFONS: Pencil Selling, 1. Auflage, Linz 2010

STEFFENHAGEN, HARTWIG: Marketing, 4. vollständig überarbeitete Auflage, Stuttgart, Berlin, Köln 2000

WÖHE, GÜNTHER/DÖRING, ULRICH: Einführung in die Allgemeine Betriebswirtschaftslehre, 20. neubearbeitete Auflage, München 2000

NEVELS, FRANK: Praxishandbuch Förderung der Altersvorsorge, 1. Auflage, Wiesbaden 2009

Gabler Wirtschaftslexikon: www.wirtschaftslexikon.gabler.de

Die Autoren

Ralf-Peter Prack ist in der Versicherungsbranche tätig. Zu seinen praktischen Erfahrungen im Verkauf zählen auch mehrere Jahre als Verkäufer für Versicherungen und Finanzdienstleistungen. Nach seiner Ausbildung zum Versicherungskaufmann arbeitete er zunächst im Innendienst einer Versicherung. Danach studierte er Wirtschaftswissenschaften an der Bergischen Universität Wuppertal und absolvierte gleichzeitig den Studiengang zum Kommunikationswirt an der Tertia Akademie in Düsseldorf.  In beiden Studiengängen widmete er sich konsequent dem Themenbereich der Absatzwirtschaft eines Unternehmens, hier insbesondere dem persönlichen Verkauf. Er ist auch Autor des Buches „Beeinflussung im Verkaufsgespräch – Wie Sie beim Kunden den Schalter auf ‚Kauf' stellen".

André Czerwionka ist Verkäufer für Versicherungen und Finanzdienstleistungen. Nach seiner Ausbildung zum Versicherungskaufmann hat er verschiedenste Funktionen im Innen- und Außendienst namhafter Versicherungsunternehmen bekleidet. Nebenberuflich absolvierte er das Studium zum Versicherungsfachwirt in Köln mit den Schwerpunkten Lebens- und Unfall-Versicherung, sowie Marketing und Vertrieb. Basierend auf das dort erworbene Wissen, baute er  sein verkäuferisches Können konsequent weiter aus. Darüber hinaus ist er immer bedacht, sich persönlich und fachlich weiterzubilden. Begründet darauf ist er freiberuflich als Dozent und IHK-Prüfer tätig.

Kontakt:
Homepage: www.verkaufsmagier.de
E-Mail: mail@verkaufsmagier.de
Social Web: http://www.facebook.com/pages/Autorenteam-Prack-Czerwionka/221055141256646

Erhöhen Sie Ihre Abschlussquote!
↗

Verkaufspsychologie - ganz praktisch

Sie sind im Verkauf tätig und wünschen sich zuverlässige Methoden, um Ihre Kunden zielsicher in Richtung „Kauf" zu lenken? Sie wenden bereits einige Überzeugungstechniken mit Erfolg an, möchten aber noch besser werden? Dann ist dieses Buch genau das Richtige für Sie. Ralf-Peter Prack beschreibt in diesem Ratgeber, welche Beeinflussungstechniken Sie als Verkäufer nutzen können, wie diese Methoden genau funktionieren und wann welche Technik für Sie besonders wirkungsvoll ist. Sie lernen Kaufschalter wie „Sympathie", „Reziprozität", „soziale Bewährtheit", „Autorität" und „Konsistenz" ausführlich kennen und erfahren, wie Sie diese bei Ihren Kunden aktivieren. Zahlreiche Übungen helfen Ihnen, das Gelernte in Ihren Verkaufsalltag zu übersetzen.

Ralf-Peter Prack
Beeinflussung im Verkaufsgespräch
Wie Sie beim Kunden den Schalter auf „Kauf" stellen
2., erg. Aufl. 2010. 187 S.
Br. EUR 29,95
ISBN 978-3-8349-2469-8

Stimme zum Buch

„*Das Buch ist spannend, einfach und prägnant geschrieben. Es glänzt durch zahlreiche Übungen, Tipps, Merke-Boxen, Grafiken und Tabellen. Positiv ist vor allem gegenüber anderen Direktvertrieb-Leitfäden, dass der Autor sehr strukturiert vorgeht und keine Allheilmittel verspricht, sondern die Kaufschalter vorstellt und den grundsätzlichen Umgang mit diesen aus der Praxis und Theorie erläutert, so dass Know-how vermittelt wird, das in den täglich anderen Verkaufssituationen erfolgreich angewandt werden kann. Empfehlenswert für Vertriebler mit dem Wunsch zu höheren Abschlussquoten."*

www.mediavalley.de, 28.04.2008

Änderungen vorbehalten. Stand: Juni 2011.
Erhältlich im Buchhandel oder beim Verlag
Gabler Verlag . Abraham-Lincoln-Str. 46 . 65189 Wiesbaden . www.gabler.de